COOLFARMING
Turn Your Great Idea Into the Next Big Thing

酷 耕 耘

——从灵感到风潮的创新孵化——

〔美〕彼得·A.格洛尔 著 员巧云 译

华夏出版社

图书在版编目（CIP）数据

酷耕耘——从灵感到风潮的创新孵化/〔美〕彼得·A.格洛尔（Peter A. Gloor）著；员巧云译．--北京：华夏出版社，2017.2

书名原文：Coolfarming：Turn Your Great Idea into the Next Big Thing

ISBN978－7－5080－9063－4

Ⅰ.①酷… Ⅱ.①彼… ②员… Ⅲ.①企业孵化器－研究 Ⅳ.①F276．44

中国版本图书馆CIP数据核字（2016）第305678号

版权所有，翻印必究

北京市版权局著作权合同登记号：图字01-2016-7095号

Copyright © 2011 Peter A. Gloor. All rights reserved.

中文版出版资助：国家自然科学基金面上项目（项目批准号：71272144）

酷耕耘——从灵感到风潮的创新孵化

著　　者	〔美〕彼得·A.格洛尔
译　　者	员巧云
责任编辑	贾洪宝
封面设计	李媛格
出版发行	华夏出版社
经　　销	新华书店
印　　装	北京华宇信诺印刷有限公司
版　　次	2017年2月北京第1版　2017年4月北京第1次印刷
开　　本	720×1030　1/16开本
印　　张	11.25
字　　数	200千字
定　　价	36.00元

华夏出版社　社址：北京市东直门外香河园北里4号　邮编：100028
　　　　　　　 网址：www.hxph.com.cn　电话：010－64663331（转）
　　　　　　　 投稿合作：010－64672903；hxkwyd@aliyun.com

若发现本版图书有印装质量问题，请与我社营销中心联系调换。

本书提要及《酷狩猎》热评

捕捉已经很热门的新创意难以让你保持领先地位。《酷耕耘》（Coolfarming）为您提供实操性很强的手把手式的策略方法，帮助你引爆自己的奇思妙想、培育创新团队、引导创新浪潮，为你的目标群体创造流行趋势。《酷耕耘》也包含了如何寻找、开发、推广未来趋势，并从中获益的真实案例。

对彼得·格洛尔前一本书《酷狩猎》（Coolhunting）的热评：

有助于"阐明'酷'的奥秘"，这本书非常引人入胜……基于坚实和可信的实地调研……

—— Inside Retailing

对于那些热衷于挖掘在线社区信息财富的人而言，社会网络分析的优点不言而喻。这是一本鼓舞人心的著作……

——B&T Weekly

这本书的内容有很多层次，但读者对社交网络是未来发展的关键这一点深信不疑。

——BizEd magazine

对于各种规模的企业而言，它都提供了一个宝贵的工具……将告诉你如何在前沿领域保持领先地位。

——StrictlyBusinessBooks.com

《酷狩猎》为帮助你知晓未来提供了很好的技巧。用朴素的牛皮纸包个书皮，然后偷偷地阅读吧。

——Tom Davenport, Harvard Business Online

酷狩猎是一门我们都需要掌握的技巧。这本书,既有趣味性又有知识性……让我们踏上卓越的旅途。

——Jack Covert, 800 - CEO - READ blog

营销人员,尤其是在线服务的以及追逐最酷的事物的人,都需要读 AMACOM 出的新书《酷狩猎》。

——Ted Kinni, Reading Writing Management blog

酷狩猎是一种完全不同的体验,本书让我们这些社交网络迷可以了解社交网络的原理,以及知道什么是"酷"。

——AllThingsWorkplace.com

Gloor and Cooper 提供了一个现实的实用的方法,来酷狩猎难以捉摸和虚幻的"酷"的事物。

——Soundview Executive Book Summaries

作者的写作风格,让那些对他们前沿思想不熟悉的人们很容易阅读和理解。

——Midwest Book Review

译者前言

无论个人或企业，都有各种各样的创意。成功的创新有无规律可循？本书就教给大家如何通过群体创造力让创造性的梦想变为很酷的产品或服务，并获得商业上的成功。

2012年，译者赴美国麻省理工学院斯隆管理学院集体智慧研究中心访学，在与彼得·格洛尔（Peter A. Gloor）等专家学者一起工作和学习的过程中受益良多。作为一个精通数学和计算机科学的博士后，一个在瑞银集团、普华永道，以及德勤等知名企业有20年丰富实战经验的学者，Peter教授生机勃勃，充满了新颖的想法与见解，积极乐观地看待这个世界，是一个典型的酷耕耘者（Coolfarmer）。Peter教授先后出版了一系列书籍，有《群体创意》（Swarm Creativity）、《酷狩猎》（Coolhunting），《电子商务转型》（Making the e-Business Transformation），以及本书《酷耕耘》（Coolfarming）等。《酷耕耘》探讨了开创、建立消费潮流的方法和步骤，并集成了他之前的著作中协同创新网络和酷狩猎的思想，构想巧妙且具有实用操作价值。

非常感谢彼得·格洛尔教授和华夏出版社文化编辑部主任贾洪宝、版权部经理曾方圆女士等人为引进中文版权所付出的辛苦努力。如果本书能够带给读者些许的启发，本人将倍感欣慰。

员巧云
2016年10月

"酷"到底有什么"魔力"?*

"酷"到底有什么"魔力"？是什么让人们觉得 iPhone 这样的产品很酷？或者，像曾经流行的留声机，当时人们也觉得非常酷。那么，你怎么做才能把自己的想法也变得像它们一样的酷？进而你该怎样把自己的想法也变成未来的一个大事件？

无论你是一个企业家还是商业领袖，你最想提供的无疑是能让消费者充满热情和好奇的产品或服务：它们属于原创，一旦面世就让人们感觉辉煌而且时尚。这些东西不仅其本身看起来很酷，而且让使用它的幸运的消费者也感觉很酷。

消费趋势研究专家彼得·格洛尔突破性著作《酷狩猎》(Coolhunting)大受读者追捧，接着又出版了这本《酷耕耘》(Coolfarming)。《酷耕耘》不再局限于《酷狩猎》的主题——如何寻找和发现已发生的最新颖、最热门的创意，而是告诉你如何通过滋养培育新奇的、最前沿的想法，从而让你或者你的公司"下一个大创意"能够落地开花。

"酷狩猎"是寻找和发现最新趋势的过程。而这本《酷耕耘》则告诉你如何深入挖掘，并成为未来热销产品最初萌芽、发展的一个阶段，最终在专注而充满激情的合作者的帮助下，将创意梦想变成酷的产品。你将学到如何培育自己的协同创新网络（COIN）——一群为了一个共同愿景而集结在一起的有着内在驱动力的人。

协同创新网络不是新鲜事物，它很早以前就出现了，即人们围绕

---

* 英文原版勒口上的文字。

着一个创新性的想法聚集在一起。一个早期的成功 COIN 的案例是门洛帕克，它是一个研究实验室，在那里托马斯·爱迪生聚集了一些创新天才，结果产生了如空调和灯泡这样的"新创意"。更多的现代案例有迅速扩张的社交网络和谷歌指数，以及其他创新驱动的增长。

在本书中，你会发现如何通过创造一个让协同创新网络成长繁盛的环境来培育壮大自己的潮流。接着，一旦产品成型，前面的创新网络会扩展成一个协同学习网络，这时对产品感兴趣的目标群体进入网络，了解产品的基础，指出产品的不足，提出改进建议，推动创新产品向前发展。

当这些反馈被吸收采纳后，事情就变得相当有趣了。这个网络进一步扩大为协同兴趣网络，由成千上万的用户组成，并且有望形成忠实的产品粉丝群……这将保证创新最终走向成功。

从 Linux 到《暮光之城》系列小说，从宝洁到苹果，《酷耕耘》用这些现实案例来教你一步一步地实践如何成功地培育群体创造力、产生新的热潮……然后再将它们推向引爆点，取得商业成功。

作者致谢

如果没有一个专业的协同创新团队协助，完成本书的撰写是无法想象的。在麻省理工学院的 6 年里，Tom Malone，Tom Allen 和 Rob Laubacher 一直是我创作的主要支持者之一。最近，麻省理工学院媒体实验室的 Sandy Pentland，Daniel Olguin 和 Ben Waber 充分运用了他们的社交徽章提供了慷慨的支持和帮助。达特茅斯塔克数字战略中心的 Hans Brechbuhl 和 M. Eric Johnson 为该项目提供了最初的支持。Robin Athey，Thomas Schmalberger 和 Adriaan Jooste 是早期的德勤咨询（Deloitte Consulting）创造者的榜样。Yan Zhao，Song Ye，Marius Cramer 和 Scott Dynes 在初期版本的 Condor 的开发中发挥了关键作用；Renaud Richardet，Hauke Führes，Jonas Krauss，Stefan Nann 和 Marc Egger 用一流的工作完成了 Condor 从设计到实际软件产品的转化。特别的感谢献给 Jonas Krauss 和 Stefan Nann，他们独立开发了股票和电影的网络趋势预测系统新版本。也要感谢 Stefan Nann，Jonas Krauss，Hauke Führes 和 Kai Fischbach，我们的软件新兴公司——星系顾问（Galaxyadvisor）的重要协同创新网络成员。Ken Riopelle，Francesca Grippa，Min - Hyung Kang，Marco DeMaggio 和 Julia Gluesing 对我们的虚拟协同创新网络做出了重要贡献。科隆大学的 Detlef Schoder，Kai Fischbach，Johannes Putzke，Danied Oster 和 Eric Esser，让我在他们的校园度过了美好的时光，他们提供的美味食品使我在思考和工作时保持着充沛的精力。在赫尔辛基理工大学（现在的阿尔托大学 Aalto university 的一部分）的 SoberIT 实验室小组，Casper Lassenius，Maria Paasivaara，Tuomas Niinimüki 和 Shosta Sulonen 提供了一个同样的让人振奋的环境。Yared Kidane 帮助建立了对于创新协作模式的早期认识。来自波士顿的瑞士科学文化中心（Swissnex）的超级联系人 Pascal Marmier 和 Christoph Von Arb 为我的协同创新网络的创意提供了孵化器。作为一个常带给人灵感、思想碰撞的伙伴，Scott Cooper 和我此前撰写《酷狩猎》（Coolhunting）时，我们逐渐产生了酷耕耘的一些早期理念。还要感谢 Detlef Schoder, Kai Fischbach, Jonas Krauss 和 Detlef Schoder，他们为本书的最初稿提供了重要的反馈和优秀的建议。

感谢所有的人，让我能站在巨人的肩膀上推进我的理念！没有你们的帮助，这本书是不可能完成的。

目 录

本书提要及《酷狩猎》热评 …………………………………………（ⅰ）

译者前言 ……………………………………………………………（ⅲ）

"酷"到底有什么"魔力"？ ………………………………………（ⅴ）

作者致谢 ……………………………………………………………（ⅶ）

一、如何让一个酷的理念成为一种潮流？ ……………………（1）

  1. 酷耕耘的四个步骤 ……………………………………………（3）

  2. 寻找潮流创造者 ………………………………………………（6）

  3. 发展你自己的潮流 ……………………………………………（8）

  4. 酷耕耘不同于管理项目 ………………………………………（9）

  5. 万维网的酷耕耘 ………………………………………………（14）

  6. Linux 的酷耕耘 ………………………………………………（17）

二、群体创造力——酷耕耘的动力 ………………………………（23）

  1. 群体交流越多，组织表现越好 ………………………………（27）

  2. 群体商务击败"黑天鹅" ……………………………………（29）

  3. 蜂群的启示 ……………………………………………………（31）

  4. 加纳的群创意 …………………………………………………（43）

  5. 酷耕耘和酷狩猎的要领 ………………………………………（53）

三、创造者——设立愿景 …………………………………………（57）

  1. 协同创新网络领导者不是领导人 ……………………………（57）

    酷耕耘课堂：创造者必须能放权 …………………………（59）

1

2. 喂食"蜂王浆" (60)
   酷耕耘课堂：创造者不断从他们所处的环境中学习 (61)
3. "女王信息素"——尼古拉斯·尼葛洛庞帝 (61)
   酷耕耘课堂：创造者从不会停止他的使命 (63)
4. 酷耕耘者必须是酷狩猎者 (64)
   酷耕耘课堂：一个成功的酷耕耘者也必须是一个酷狩猎者 (66)
5. 领导者是如何被选中的？ (67)
   酷耕耘课堂：协同创新网络领导者是群成员选出来的 (67)
6. 酷耕耘游客——让你自己沉浸到群体里 (68)
   酷耕耘课堂：创造者融入他们的群体里面 (72)
7. 酷耕耘一个棕榈树种植园——给社区赋权 (72)
   酷耕耘课堂：创造者授权给社区 (73)
8. 在加纳经营一个网吧——用群的力量来监管群 (73)
   酷耕耘课堂：创造者与群一起分享 (75)
9. 创造者的七个要领 (76)

四、协同创新网络——构建产品 (78)
   酷耕耘课堂：协同创新网络开发出颠覆性的创新 (79)
1. 毕加索如何通过协同创新网络创作立体主义 (79)
   酷耕耘课堂：协同创新网络经过多个阶段 (81)
2. 通过放权来获取权利——轮换控制权 (82)
   酷耕耘课堂：协同创新网络有领导角色，但会轮换控制权 (85)
3. 做一条大池塘里的小鱼 (86)
   酷耕耘课堂：把你所知道的告诉别人 (87)
4. 协同创新网络的六个要领 (88)

五、协同学习网络——培训和创意推广 (90)
1. 通过销售人员的协同学习网络增加销量 (93)
   酷耕耘课堂：协同学习网络给协同创新网络提供学习经验 (95)

2. 通过宝洁公司的"科技企业家"学习创新……………………………（95）

　　酷耕耘课堂：宣传你的成功来吸引更多的成功……………………（98）

3. 《暮光之城》的酷耕耘………………………………………………（99）

　　酷耕耘课堂：善待你的协同学习网络成员…………………………（101）

4. 协同学习网络的六个要领……………………………………………（101）

六、协同兴趣网络——轰动效应……………………………………（103）

1. 沉浸使群体爆炸——乐高机器人 Mindstorms ……………………（104）

　　酷耕耘课堂：授权给群………………………………………………（110）

2. 提高热度—— Yummy Industries …………………………………（111）

　　酷耕耘课堂：组织松散，联系紧密…………………………………（112）

　　酷耕耘课堂：创意第一，赚钱第二…………………………………（112）

3. 从创造者到协同兴趣网络——通过社会网络来实现这个过程……（114）

　　酷耕耘课堂：沟通模式象征着协同创新网络、协同学习网络

　　　　和协同兴趣网络的出现…………………………………………（118）

4. 协同兴趣网络的五个要领……………………………………………（118）

七、酷狩猎：通过潮流创造者发现流行趋势………………………（120）

1. 酷狩猎汲取了大众、专家和群体的智慧……………………………（121）

2. 酷狩猎美国总统候选人………………………………………………（126）

3. 酷狩猎品牌价值：费德勒时代的终结………………………………（132）

4. 为什么世界上最有影响力的知识分子是一个伊斯兰神职人员？…（133）

5. 预测2007年奥斯卡金像奖……………………………………………（136）

6. 预测股票走势…………………………………………………………（137）

7. 使用社交徽章预测人们的行为………………………………………（138）

八、是什么激励着酷耕耘者？………………………………………（142）

1. 酷耕耘者表现出集体性和公共精神…………………………………（143）

2. 酷耕耘者坚守工作伦理………………………………………………（146）

3. 协同创新网络需要"警察"……………………………………………（148）

4. 酷耕耘者很快乐 ………………………………………………（149）

　　酷耕耘课堂：每个协同创新网络成员都值得被公平地对待和尊重 …（149）

　　酷耕耘课堂：让协同创新网络成员成为自己命运的主人 …………（150）

5. 酷耕耘者是无私的 …………………………………………（151）

　　酷耕耘课堂：协同创新网络成员的利他行为既为他们自己

　　　　也为他人谋取利益 ………………………………………（153）

　　酷耕耘课堂：协同创新网络中的信任度越高，运作更为有效 ……（154）

　　酷耕耘课堂：照顾社区 ……………………………………………（155）

后　记：我们需要的不是首席执行官，而是首席创意官………（157）

文献来源（各章正文中上标序号如 [1]、[2] 等，对应于卷末"文献来源"各条前序号）…（159）

一、如何让一个酷的理念成为一种潮流？

> 我认为苹果公司是一个伟大的爵士乐队，就像史蒂夫一样特别，史蒂夫在建立一个广泛而专业的人才机构上做到了绝佳。当一个群体可以达到那样的规模时，领导者的工作就是象征性的了——主要是吸引新的人才，保持好节奏，并在各处补充些能量。[1]
>
> ——迈克尔·霍利，职业钢琴家/计算机科学家/原苹果公司雇员

为什么苹果公司的产品酷？为什么史蒂夫·乔布斯酷？如果你也变酷了，会怎么样？如果你能把你自己的想法变得很酷，又会怎么样？如果你能把你酷的理念变为下一个大事件，结果会怎么样？

好消息是，你确实可以采取一些步骤让自己变得很酷，并且把你的理念转化为一个酷的潮流。本书剖析了"酷"的奥妙所在，告诉你如何耕耘培植自己酷的理念，如何创造酷的潮流，且如何让自己变得很酷。酷耕耘探讨的是，如何通过赢得专注而充满激情的合作者的帮助，将创造性的梦想变为酷的产品。酷耕耘的主旨是，如何让"下一个伟大的想法"成为现实。

那么，是什么让事物显得很酷呢？酷的事物有四个特征：

（1）酷的事物是**全新的**。我们不需要昨天陈旧的想法，而是要全新的和更好的。苹果公司很酷，但微软一点都不酷，为什么？苹果公司拥有独特的诀窍，不断地推出漂亮的新产品概念和设计，成为新市场的前驱者，从最初推出的麦金托什机（Macintosh），到数字音乐播放器iPod，再到移动电话iPhone。虽然，微软的规模更大，利用模仿战略也可能获取更多的利润，但

是没人会说微软很酷——这个词汇是留给全新产品的创造者的。微软的技术也是有用有效的,但它的产品笨重、晦涩难解,塞满了人们不想要的各种功能。然而,苹果公司完全不同,它以顶级设计和创新产品持续地引导和建立了新的市场。

(2)酷的事物**使我们成为社会团体的一部分**,它让我们与和自己相似的人在一起。正如心理学家和社会学家发现的一样,如果有机会选择,我们希望与尽可能多的"与我们相似的人"在一起——越多越好。为什么两百万人长途跋涉去华盛顿国家大草坪参加美国总统奥巴马的就职典礼?为什么他们排队站立等候八小时亲自参加奥巴马的誓师大会,而不是仅仅看电视直播?答案很简单:这是一次机会,让参与者成为又酷又新颖的事情的一部分,让他们能够和两百万志同道合的灵魂一起共同见证这一历史时刻。即使一些非常简单的事情,比如,购买最新的苹果或黑莓手机,也能让人感受到自己是某个团体的一员,感受到一种手足情谊,拥有这些最酷手机成了进入一个社会团体的标志。

(3)酷的事物是**有趣的**。拥有一个苹果手机很有趣,不仅是因为它设计美妙,外观很酷,而且用它打电话或者在网上冲浪也很有趣;用 iPod 听音乐也同样有趣,如同到百老汇看音乐舞台剧一样轻松有趣。在星巴克喝咖啡很有趣,不仅是因为星巴克的顾客之间情趣相投,都喜欢在轻松的气氛中享受一杯好咖啡,更重要的是因为星巴克通过仔细挑选和培训他们的咖啡师提供了卓越的客户体验。

(4)最后,酷的事物**给我们的生活带来意义**。酷的事物让人们感觉良好且更加快乐。拥有一件酷的东西本身也可以成为一个生活目标,无论是一个新的手机、一个阿迪达斯设计师的新提包,还是一辆我们一直想拥有的汽车。当然,拥有一个很酷的事物也包括加入一个反对世界变暖的维权组织。对很多人而言,让这个世界变得更美好能够给他们带来生活的意义——非常酷。

只有通过群体创造力才能建立酷的潮流。我以前的两本书,《群体创意》(Swarm Creativity,牛津大学出版社,2006 年)和《酷狩猎》(Coolhunting,

美国管理协会 AMACOM，2007 年），介绍了协同创新网络的思想，并探讨了如何进行酷狩猎。

酷狩猎是一种艺术和技巧，它通过识别协同创新网络中的潮流创造者来追踪酷的潮流。现在这本书则大胆地飞跃到了"酷耕耘"，探讨了任何人都可以创立酷的潮流的一些步骤。显然，我们无法通过纯粹的意愿的力量让协同创新网络转化为行动，或让发明变为新的潮流。然而，新理念的创造者，或者最早热衷和采纳某个新概念的人，确实可以采取一些步骤，为将酷的新创意变为新趋势增加可能性。

1. 酷耕耘的四个步骤

群体创新过程分为四个步骤：

第 1 步：创造者产生酷的想法；

第 2 步：创造者召集更多成员，形成一个协同创新网络；

第 3 步：朋友和家人加入进来，使协同创新网络发展为协同学习网络；

第 4 步：外部人员加入进来，形成一个协同兴趣网络。

通过这四个步骤，可以建立最有效的创新机制，不断创新，彻底改变我们的生活。这本书是写给创造者和协同创新网络成员的。如果你正在寻找如何引爆你的酷想法或将它们转换成真正潮流的实际操作指南的话，这本书正好适合你。

创造者

1857 年，法国人爱德华-莱昂·斯科特·德马丁维尔发明了声波记振仪并获得专利。声波记振仪是一个巧妙的设备，它将人的声音以黑点和白点记录在纸片上。你可能从没听说过德马丁维尔或他的设备，他申请专利后很快就被遗忘了，名气和财富落到了别人手里。想必你在学校里学到的是，大约 30 年后，托马斯·阿尔瓦·爱迪生发明了记录和播放音乐与声音的留声机。

问题是，为什么爱迪生成功了而德马丁维尔失败了？答案就是：爱迪生是一个酷耕耘者和创造者，而德马丁维尔不是。

德马丁维尔确实提出了相当聪明的创意，但他无法让世人理解。他的环境、他的"群体"、19世纪中叶他在巴黎的同辈们都拒绝接纳他的创新。与他不同的是，爱迪生则以无与伦比的业绩记录显示了他是最多产、高效和成功的创新者之一。爱迪生有句名言：创新是百分之一的灵感加上百分之九十九的汗水。他的汗水不仅让19世纪后期的纽约接受了留声机，也接受了灯泡、电力等诸多影响我们生活的创新。锲而不舍的特质，再加上他的社交能力，甚至是集体智慧，让爱迪生从像德马丁维尔一样聪明并富于创造力的人群中脱颖而出，这些人虽然提出了非常巧妙的构思，却常常眼睁睁地看着它们被世界遗忘。

协同创新网络

在协同创新网络中，创新人员组成的小群体会采纳创造者的创意。这是一些由两个到15个成员自发组成的小组，他们为了创造新事物走到一起，他们的动机不是为了得到报酬，不是为了增加自己的银行存款，而是因为热爱自己的事业。他们因共同的愿景聚集在一起，并期望梦想成真。他们是一群秉持坚定信念的创新者和潮流领导者，坚信自己要完成的事业不可思议并且很酷，而且誓将自己的信念推广到世界各地。

协同创新网络不是什么新鲜东西，历史上就有。托马斯·爱迪生因他的发明而获得了巨大声誉，其实他最伟大的发明是建立了门洛帕克——新泽西州的一个研究实验室。在那里，他聚集了其他创新天才，包括致力于灯泡开发的威廉·哈默、忠实得力的助手和多产的电报系统发明家查尔斯·巴彻勒、设计促进者和推动者约翰·克罗西，以及其他数十人，甚至交流电系统的发明者尼古拉·特斯拉也在门洛帕克实验室工作过——这是一个典型的协同创新系统，而且它远在互联网之前就已出现了。

随着现代电信，尤其是互联网的来临，协同创新网络如雨后春笋般出现在全球各地。协同创新网络的事务五花八门，从发展中国家的小额信贷机构，到乐高的机器人，甚至包括互联网自身的创建。1991年，美国德克萨斯州圣安东尼奥举办了ACM超文本会议，当蒂姆·伯纳斯·李和罗伯特·卡里奥在该会议午餐时宣传他们全新的万维网时，全世界都不知道，一个新纪元即将开始。他们即兴的午餐会谈引起了学生和研究人员的兴趣和关注，从赫尔辛基到加利福尼亚，从阿拉斯加到澳大利亚，这个远程合作小组开始一起工作。而接下来的事情，就众所周知了。

协同学习网络

一旦协同创新网络将一个酷的创意转化为一个产品后，协同创新网络成员就会将该产品介绍给自己的朋友和家人。在一个双向学习过程中，这个经过扩展的群体，即协同学习网络，从协同创新网络成员那里学习产品的基本理念，提出改进措施，并指出初始原型的不足之处。

几乎从一开始，爱迪生就与其他创新者开始了团队协作。尽管合作关系有时是混乱的，但他们总是很有生产力。在发明生涯的初期，年轻的爱迪生来到波士顿，立刻投入到其他电报发明者、生产者和投资者团体中。他在首屈一指的电报机生产商查尔斯·威廉斯的商店租了工作间。后来，在纽约，作为一个有抱负的企业家，爱迪生与另一个著名电报工程师——富兰克林·波普形成了合作伙伴关系。他的顾问也把他介绍给了专利代理人和其他发明人，从而形成了一个协作学习网络，这对爱迪生未来的成功至关重要。

协同兴趣网络

最后，协同兴趣网络的热情将最终产品推到了引爆点上，并把它变成一个真正的潮流。在这个最后阶段，商业利益开始发挥作用。一个协同学习网络最多包括几百人，而协同兴趣网络则包括成千上万甚至上百万的忠实用户，从根本上保证了产品的成功。

在早期的职业生涯中，爱迪生与著名的电报公司——西联电报公司、金价和股票电报公司合作，他们成了爱迪生的主要客户，将他的发明带到了美国和欧洲最偏远的角落。当爱迪生还是一个十几岁的男孩时，在与记者交往中就展示了他的社交才能，这不仅有利于他的成长，也发展和培育了他在新闻界的名人身份。新闻界的支持极大地促进了社会对其颠覆性发明的接受度，比如留声机。因此，爱德华-莱昂·斯科特·德马丁维尔和爱迪生的另一个重要区别是：爱迪生在建立协同兴趣网络并将其发明引爆方面是个天才。

2. 寻找潮流创造者

想象一下，当下一个托马斯·阿尔瓦·爱迪生还是个孩子的时候，如果我们能够识别出他，或者，我们一开始就能知道留声机会成功，德马丁维尔的声波记振仪会失败的话，这将是多么酷的事情。令人鼓舞的是，确实可以从外部识别和跟踪基于协同创新网络的创新过程。我们可以对新潮流如何发展有一些基本了解，并将其应用到酷狩猎中，以发现下一个大事件。关键是不要去寻找潮流，而是要寻找"爱迪生"，酷的人才会开创酷的潮流。

酷狩猎意味着通过发现创造者来找到新的潮流，这也意味着要留意整个过程的四个步骤：（1）创造者，（2）协同创新网络，（3）协同学习网络，（4）协同兴趣网络。在这个过程中，越早识别潮流创造者效果越好。等到协同兴趣网络开始推动新潮流的时候，它早已引人注目、大行其道了。所以，你要比大众先知先觉，在它还处于协作学习网络阶段时，还不为人所知时发现它。当最早的发明创造者还只是一个人，还没有得到协同创新网络支持时，发现和找到他是相当困难的。谁能够将年轻的托马斯·爱迪生和年轻的德马丁维尔区别开来？

他们两人都是有志的年轻发明家。后来，其中一个改变了世界，另一个被世人淡忘。一个成功地聚集了协同创新网络，另一个则一直是孤独的发明家。因此，要想及时发现萌芽中的新潮流，最佳时点就是寻找协同创新网络。一旦你找到了，你也就相应地找到了他们将要开创的新潮流。现在的问题是，

一、如何让一个酷的理念成为一种潮流？

如何做到这一点？

回想一下我们的祖先。就像图1-1描绘的那样，人类曾经在大草原上猎杀动物，他们努力捕获一只野牛，它的肉可以帮助人们度过寒冬。酷狩猎意味着在互联网时代捕猎你自己的野牛。古代的猎人和互联网时代的酷狩猎者有着惊人的相似之处。在古代，最成功的猎人要读懂猎物的心理；在互联网时代，成功的狩猎者要能够读懂客户的心理。互联网用户不会留下蹄印和粪便，但他们仍然会在网上公告板、论坛、博客、网站以及维客中留下痕迹，这些丰富的信息为酷狩猎者提供了清晰的形象。

图1-1 狩猎野牛就像追踪酷的潮流——要寻找踪迹和跟踪牛群。

一旦你找到了自己认为很酷的事物，能否让它成功就取决于你自己了。再回想一下我们的祖先狩猎一头野牛的情形，如果他们捕获并屠宰了自己的猎物，就只能为一段有限的时期提供食物。思考一下，如果他们让野牛活着，驯服它，并用它来拉犁（如图1-2），或繁殖小牛，作为一个永不枯竭的乳肉来源的话，相对而言，是不是更好？这本书告诉你如何在"酷耕耘"过程中驯服和壮大你自己的牛群。

图1-2 酷耕耘就像传统的农业耕作,并不是杀死猎物,而是将其用于生产。

3. 发展你自己的潮流

开创酷的潮流意味着建立一个有利于协同创新网络蓬勃发展的环境。培育协同创新网络就像养殖一群蜜蜂,让蜜蜂产出更多的蜂蜜,或者分裂出新的蜂群。想要开创酷潮流的组织,就如同养蜂人帮助蜂群成长壮大一样。蜜蜂分群是有风险的,很难控制,然而,专业养蜂人通常会观察蜂巢,捕捉蜂群,并把它带回来使蜂蜜产量加倍。这个比喻同样适用于支持协同创新网络的组织。观察协同创新网络成员,帮助他们发展自己的理念,为他们的新理念提供肥沃土壤,而他们则会让酷的潮流顺利起步。酷耕耘就是"创造协同创新网络",这将是组织和企业在未来获得成功的关键因素之一。

本书包含了很多案例,从生物学、历史,到最近的商业案例。我们首先详细描述了蜜蜂如何很酷地给新蜂巢寻找理想地点并建设新巢,以此作为人类酷耕耘的一个蓝本。接着我们探讨乐高如何挖掘机器人黑客社区的集体智慧,将他们转变为一群专注的酷耕耘者——现在他们付出了大量努力,免费为乐高开发机器人产品。我们还探讨了一个公开的啤酒配方如何帮助一个丹麦的小啤酒厂建立了全球性的啤酒爱好者社区，作为回报，企业的业务也得到了发展。我们研究了 MIT 媒体实验室的人人电脑计划如何在不到 5 年的时间里，成为微软-英特尔上网本电脑垄断市场的一个重要威胁。我们也分析了瑞士最大的零售商米格罗（Migros）如何采用竞食效应推出了极成功的价廉物美的系列产品——M-Budget。

显然，在短期内，管理人员可以通过控制让企业很好地生存。但是，一旦危机来袭，在应对变化时，分层管理比自组织管理的机构要艰难得多。自组织机构的成员为实现群体利益而工作，但不受集中指挥控制，就像单个蜜蜂为群体利益而独自行动。因此，我的建议是："趁着你还有时间，实践酷耕耘！"越来越多的公司愿意放权，让员工和客户做出影响深远的决定。例如，宝洁公司将其酷狩猎外包给它的科技型创业者。他们是宝洁公司的普通员工，在业余时间为雇主寻找酷的新产品和新潮流，无论是在日本的超市货架上，还是在意大利的小面包店里。

4. 酷耕耘不同于管理项目

传统的项目管理和酷耕耘过程差异较大。过去，运行良好的项目是集中管理的，由一个项目经理负责一切事务。而酷耕耘则不同，它是一个分散的自组织过程，协同创新网络中的每个成员都知道自己要做什么。但是，这两者之间的区别偶尔也不是非常显著。事实上，在过去，非常成功的项目也是被酷耕耘出来的，其项目经理的作用更像是一个创造者和酷耕耘者，而不是独裁者。在这些项目中，团队成员承担个人责任，在突如其来的变化中进行自组织，他们分享团队领导者的愿景和目标。然而，在大多数的时间里，传统项目管理更为专制而缺乏民主，它们之间的不同之处相当明显。

图 1-3 说明了传统项目管理的整个过程。

图 1-3 传统项目管理

传统的项目组织,由项目负责人,通常是高级经理,首先定义该项目要解决的问题。然后,他会组织一个团队,集思广益,分析讨论解决方案。一旦决定了解决方案后,他会挑选一个团队领导者,即项目经理,制定项目实施环节,并决定项目的最终目标或成果。随后,项目经理开始接管项目并为其负责。他的工作是执行项目,让项目尽可能按照原计划进行。在执行过程中,项目负责人会监测进展情况,在他认为该项目没有按照原计划实施时进行干预。最后,项目管理团队向项目负责人提供最终成果。

酷耕耘的过程,如图 1-4 所示,则与项目管理完全不同。

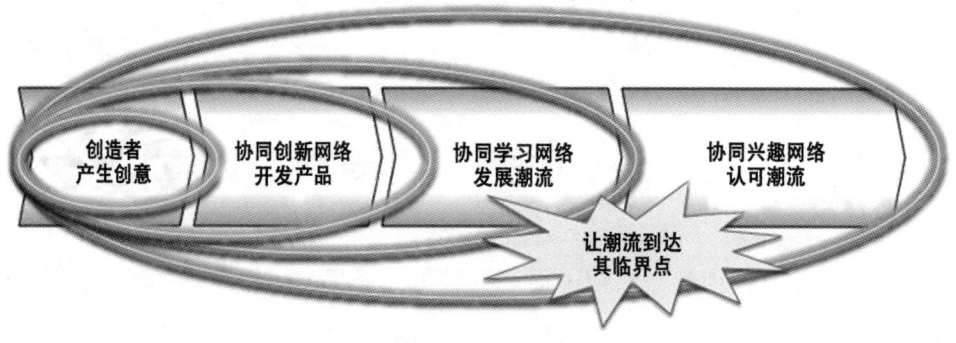

图 1-4 酷耕耘过程

从一开始,它就没有项目负责人,只有一个人——创造者。他只有一个想法,事实上,他认为这个想法太酷了,以至于不管有多少障碍,他都要实现它。他向其他许多人谈论他很酷的想法,直到经过多次讨论后,创造者找到了愿意协助他的一些人。他们钻研这一想法,并在业余时间组成团队——一个协同创新网络,并开发产品的初级简易版本。

协同创新网络成员将其热爱的成果带给他们的朋友和家人,并不断推销他们的想法。协同创新网络将朋友和家人群组作为宣传媒介,并收集他们的反馈信息，改进和测试产品，同时也吸引一些成员加入到协同创新网络中。这个外部协同学习网络群体，即CLN，为协同创新网络供给新人才，同时，它作为外部口碑传播渠道帮助产品到达引爆点，让产品成为一个真正的潮流。一旦新产品超越口碑宣传阶段，开始在主流媒体中传播，并被广大民众追捧，它就开始被协同兴趣网络所接受，即CIN。这是新产品形成潮流并进入商业化的阶段，协同兴趣网络成员花钱购买该产品，他们认为该产品超级酷。在这个阶段，新产品到达了它的临界点。它不再是仅为一个联系紧密的团体和早期追随者所知的"内部产品"，而成为了一个真正的潮流。

让我们更详尽地描述一下传统项目管理和酷耕耘之间的差异。作为第一个假设案例，让我们比较一下在常规项目管理和在酷耕耘方式下，一台新型自行车是如何被开发出来的。

在传统的项目管理中，负责人首先定义项目目标。让我们假设，斯特拉是自行车制造厂商TopBike（极限飞车）的首席执行官，决定开发一种新型山地自行车。他和身边的人一起就各种解决方案集思广益。他邀请了一些最忠诚的客户、新产品开发主管，以及TopBike其他部门的几个工程师举行规划研讨会，集体讨论新自行车的功能。这些功能特点要在竞争中脱颖而出，并能够支持公司长久持续发展。在这个头脑风暴研讨会中，新产品开发小组决定，新自行车要更轻便，并配备一个全新的变速装置。

接下来，斯特拉组建了一个团队，来系统地规划开发和生产新自行车。新产品开发主任负责起草一个详细计划，以便在8个月内完成新自行车的设计，并在接下来的4个月内上市。随后，工程师们一起开始工作，在未来8个月内，的确开发出了新自行车，比竞争对手的产品重量轻20%，并配备了一个全新的功能更强大的变速装置。

新自行车完成后，TopBike的营销人员开始接手，在山地自行车杂志和网站发起了促销攻势，宣传新自行车的卓越功能。他们把新自行车作为赞助捐赠给山地自行车比赛车队，以展示新自行车的强大功能。实施这个运作良好的管理过程的最终目的，是为了确保TopBike在未来几年中销售和收入能够稳定增长。

现在想象一下，这个相同的过程在酷耕耘环境下如何运作。这一次，并没有首席执行官来启动该项目，但有一个波音飞机制造公司的机械工程师——沃尔特。沃尔特是一个山地自行车的狂热爱好者，他骑着自己的自行车已经攀爬了西雅图周围的所有山峰。因为喜欢测试自行车的功能极限和自己的体能极限，他也参加山地自行车竞赛，所以，他不断地改造自己的自行车。他认为，自己的自行车的主要问题是仍然太重；此外还有，当他在恶劣的地形中换挡时，自行车车挡会突然被卡住，使他不止一次差点遭遇事故。他与波音公司的同事们讨论如何让自行车重量变轻，同时还能保持稳定，且满足车架硬度的需要。他有一位同事建议他尝试一种新的复合材料，波音公司的飞机机翼上就用了这种材料。

沃尔特与最要好的两个山地自行车同伴一起，花了几个周末的时间，在飞机制造厂用新的复合材料做实验，直到成功地合成了一个自行车车架，比市售的自行车车架重量减少了50%，但强度仍然非常高。至于变速装置，他征集山地自行车车手们的集体智慧，在诸如 Ning.com 网站的在线社区上发布这个信息。他的帖子发在他常去的几个网上论坛，征求对一个更好的自行车变速挡的需要和建议。事实上，他从一些有技术天分的比利牛斯山脉的西班牙山地自行车车手，以及阿巴拉契亚山脉的自行车车手那里得到了极好的建议。他们在网上交换意见，提出了一个解决方案，比现有商业自行车车挡显著减少了运动部件，简单而耐用。

从开始有一个想法，到拥有自己的第一个轻巧而坚固的变速自行车，沃尔特大约花了12个月时间。这个过程很曲折，沃尔特靠他在波音公司的良好社会网络克服前进道路上的一些障碍。他的新自行车吸引了其他车友的关注，尤其当他在当地一些山地自行车竞赛中获胜的时候。他与车友分享他全新的设计创意，大家口耳相传，并在山地自行车论坛等在线网络上进行传播，羡慕者也会在路上围观，这都使得越来越多的人知道了他的新山地车。不久，喜欢自行车的人开始模仿他的设计，另外一些不太懂机械的自行车车手则询问沃尔特是否也可以为他们制造一辆同样的自行车。沃尔特开始小批量生产他新设计的自行车，并不断修改设计，做了更多小的改进。他的第一个系列很快就销售一空，然后互联网上的订单开始蜂拥而至。当他自己无法处理日益增多的订单时，他就向山地自行车俱乐部的一些同仁寻求帮助，他们一起开了一家小公司。这家公司快速成长，业务迅速扩展，刚开始是区域性企业，但很快成为一个全国性企业。很快，他们的业务发展一年后就成了跨国公司。

沃尔特是一个成功的酷耕耘者和创造者的原型，他首先与最亲密的朋友们形成了一个协同创新网络，然后从最早接受他产品的人们那里得到反馈，将其协同创新网络延伸为协同学习网络，并最终成长为一个由全球忠实客户组成的协同兴趣网络。

酷耕耘的基本原理是：不直接邀请其他人加入团队，而是要宣传新的创意，让其他人发现这个团队和想法。这些人会被这个创意吸引，主动参与进来，他们尊重那些领军人物。这意味着，虽然这个团队在最初阶段发展速度较慢，但更具有可持续性，且更有能力应对出现的问题，还有利于让成员抑制强烈的自我意识——这会影响团队的成功。一个协同创新网络团队不允许信息封锁和保守，因为无论何时这种苗头冒出来，团队都会觉察到，如果需要的话还可以将保守成员踢出局外。

协同创新网络团队成为群体思维牺牲品的风险远远小于传统团队，因为一个酷耕耘的协同创新网络拥有建设性的批评性文化，这是团队 DNA 的核心。该团队极为重视共同愿景，避免无关话题造成的时间浪费。一个有机成长的协同创新网络，在处理和统一不同层面的见解、形成共同思维和语言方面，具有极高的效率。这意味着，相对于肤浅的、匆忙拼凑起来的项目管理小组而言，协同创新网络团队内的沟通层次更为深入。

表 1-1 中的比较表明，传统项目管理的重点是规划、执行和监控，而酷耕耘的核心是自我激励、自组织和同行认可。这并不意味着酷耕耘者都希望永久的免费服务。相反，他们是风险承担者，相信新想法或概念的潜在价值。他们尽管不知道投资会有怎样的回报，但仍然愿意为新创意投入自己的资源、

表 1-1 项目管理和酷耕耘比较

比较要素	项目管理	酷耕耘
动机	外在	内在
管理形式	监督	自组织
创新类型	计划式创新	颠覆式创新
衡量项目进度	固定的里程碑	动态发展

时间、社会资本或金钱。如果他们的估计是正确的，就会最终获得回报，可能是名誉或经济收益，或两者兼而有之。但就像优秀的蜜蜂一样，他们始终会把群体利益放在个人利益之前，因为他们知道，如果群体做得很好，自己相应地会成为受益者。

现在，让我们来看看两个非常成功、著名的酷耕耘的案例：万维网和Linux。

5. 万维网的酷耕耘

当蒂姆·伯纳斯·李最先提出自己的超文本系统时，他一点也不知道，他的系统将会改变世界。

在他最初的版本中，蒂姆描述了一个系统，这个系统能最终实现万尼瓦尔·布什曾提出的一个架构。万尼瓦尔·布什曾长期担任 MIT 的校长，他也是二战期间富兰克林·罗斯福总统的战时科学顾问。1945 年 7 月，布什在《大西洋月刊》上发表了著名文章《诚如我思》，文中描述了一个系统，在这个系统中，微影卡观察器能把人类所有知识浓缩到一个指尖大小。他还设想了一些超链接的机械实现方式，读者可以点击一块突出显示的信息来调用另一个文件。在后来的 40 多年里，许多研究人员都试图实现布什的想法，其中最著名的是特德·纳尔逊，他创造了词条超文本；还有道格拉斯·恩格尔巴特，他发明了计算机鼠标，从而让我们能够在网页文档中用鼠标点击链接。

一、如何让一个酷的理念成为一种潮流？

在20世纪90年代初，有一个完整的致力于研究超文本的计算机科学分支——一种链接各种不同信息的科学。在该研究领域的年度盛会上，蒂姆陈述了他的想法。后来，我作为麻省理工学院的一位年轻博士后研究人员，成为该领域研究群体的一分子，也因此参加了1991年在圣安东尼奥举办的ACM超文本会议，其间蒂姆描述了他的系统。不管怎样，我们都忽略了一点。我们过多地沉迷于高雅的想法和概念，而对学术象牙塔外的最终用户不够关心，没有花费精力让我们的超文本系统能为大众日常所用。蒂姆，这位在瑞士的欧洲核子研究中心（CERN）工作的英国IT顾问，教会了我们如何做到这一点。如果蒂姆·伯纳斯·李曾经算是一位原型创造者的话，他并没有关心自己的地位和声望，而只是关注于他的想法。他成功了，而数百名在该领域拥有最负盛名大学的博士学位的研究人员都失败了。

我清晰记得蒂姆在会议上传递讲义的情形。他没有提交自己提出的新系统——他称之为"万维网"的正式会议论文，但他准备了一摞传单，并向每一位交谈的人手里都塞了一份。在传单中，他和同样来自欧洲核子研究中心的一位同事罗伯特·卡里奥一起描述了他们的系统。他们还提供了一个Web（超文本信息系统）服务器和浏览器的原型版本，该原型版本可以从欧洲核子研究中心的服务器上免费下载。蒂姆在圣安东尼奥组织了一次午餐会议，获得了很多兴奋不已的与会者群体的支持，这些群体组建了一个团队，进一步发展他的梦想。虽然许多研究者提出了科学的概念，但是蒂姆提出一个可行的方案。即使他花钱不多，但他为了这个梦想付出了自己全部的精力和热情，吸引了那些具有同样想法的人们，从而使得梦想成真。

参加上述午餐会议的人之一，丹·康诺利，是刚从美国德州大学奥斯汀分校计算机科学专业结业的毕业生；另一位参会人员魏培元，是一位加州大学伯克利分校的学生，开发了首个流行Web浏览器——Viola浏览器。蒂姆、罗伯特、培元、丹，以及其他几个人组成了第一个真正的协同创新网络。对于将Web由梦想转化成为一个真正的产品而言，这个协同创新网络绝对至关重要。

蒂姆和罗伯特几乎是单枪匹马地开发出了Web的第一个原型，但它仍不够完善，只能在Unix的Next工作站上运行，这些工作站在大学里比较普遍，但在学术界以外的地方几乎见不到。他们需要在协同创新网络同伴们的帮助下进一步开发和尽快发布Web服务器和浏览器的新版本，以期在流行的计算机平台上运行。对蒂姆而言，激情超越一切，他选择了在麻省理工学院工作，这样他就可以进一步开发Web。

蒂姆以访问学者的身份来到了麻省理工学院，正好就在我所在的研究团队工作。起初，他没有正式的办公室，只是在走廊的一张小桌子边工作。不过，这一点也没有分散他推进系统开发的注意力。他不断和协同创新网络成员沟通，讨论Web扩展方案，并试图招募新的协同创新网络成员。当时麻省理工学院计算机科学实验室主任迈克尔·德图索斯，就是早期Web的坚定支持者，并在一年多后和蒂姆一起建立了万维网联盟（W3C）。

1994年，第一届万维网会议在欧洲核子研究中心举行。一年前我回到了瑞士，开始在瑞士最大的银行瑞银（UBS）工作，任软件开发部经理。当我得知这次会议召开时，我就试着注册。但有人告诉我，这次会议的入场券被大量超额认购，已全部售罄了。可见，此时协同学习网络（CLN）出现了，它为培育更多的协同创新网络成员提供了充满活力和快速增长的土壤，开发出满足不同需求的Web服务器和浏览器。随后一年的万维网会议在德国达姆施塔特举办，这次我吸取了教训，提前老早完成了会议注册。这种热情真是令人难以置信。参会人员大多来自学术界，但也吸引了一些企业参加，他们对此表现出了兴趣。一些大的厂商，如苹果公司和太阳微系统公司，以及几十个小厂商，展示了他们基于Web的首版产品。现在，Web开始接近其引爆的临界点。

当时我还在瑞银工作，我向老板们提议建立第一个企业内部网——我们称之为"银行万维网"——当然是基于Web技术。但老板们坚持使用购自数据库厂商Oracle（甲骨文公司）的"更强大的商业支持"产品——Oracle卡。我和瑞银的一些高级员工一起，建立了一个基于Oracle卡的"银行网站"，同时，我聘请了两位来自麻省理工学院的暑期实习生，以极少的预算建立了该"银行网站"的一个 Web 版本。直到我的老板参加了一年一度的 Gartner Group（高德纳咨询公司）会议，听到分析家们高度赞扬万维网时，他才让我将"官方"银行万维网转到一个开源 Web 服务器上运行。这时，协同兴趣网络（CIN）接手了，经济利益开始驱动 Web 的进一步发展。

在前一年，一位来自伊利诺伊大学香槟分校国家超级计算机应用中心（NCSA）的学生马克·安德森，发布了第一个易用的网页浏览器版本，称为 Mosaic（马赛克），它使浏览器内显示图片成为可能。我们在 Web 版的瑞银集团银行万维网里用了 Mosaic。安德森离开 NCSA 后，与一些企业家和前斯坦福大学教授吉姆·克拉克一起，建立了网景通讯公司。我们银行也立即切换到了商业支持的网景浏览器。1995 年，我作为一名瑞银经理，曾到过网景通讯公司的帕洛阿尔托新办事处，我发现它是一个繁忙而飞速发展的公司，他们都忙得没时间将我们瑞银使用的 Netscape 许可票据发给我，Web 现在确实已经达到了临界点。在把创新转化为一个巨大的潮流方面，协同兴趣网络确实卓有成效！

6. Linux 的酷耕耘

Linux 已发展成为可以取代微软的主要操作系统，它是一个极好的酷耕耘的案例。1991 年，芬兰计算机科学专业的学生李纳斯·托瓦兹，邀请其他计算机怪才下载测试和扩展他的"免费操作系统"，"且只是出于一种爱好"（引自李纳斯的原始电子邮件）。当时的 Unix，也就是 Linux 的前身，已有长期的成功历史。Unix 是在 60 年代末 70 年代初由世界著名的贝尔实验室的两位研究人员：肯·汤普森和丹尼斯·里奇创建的，并迅速被学术界所接受。Unix 成为计算机科学专业学生的学习平台，而加州大学伯克利分校在其他专业学生中也对其进行了推广应用。一些公司，像 Sun 和 Silicon Graphics 等，其整个业务都建立在 Unix 平台上。

20世纪80年代中期，当我还是苏黎世大学的一个学生时，我们学校所有计算机科学专业的班级都使用Unix小型机。这时雅达利或苹果公司等出品的个人电脑才刚刚兴起，IBM尚未推出其个人电脑类产品。当IBM个人电脑及其仿制产品出现时，Unix得到了进一步的提升，因为此时计算机科学的教授们开始将Unix用于个人电脑。这样一来，计算机科学专业的学生首次可用自己的脏手摆弄操作系统了。

操作系统是非常复杂的"野兽"，通常情况下终端用户都不想去碰它。在IBM的大型水冷式计算机时代，只有计算机操作员才能穿着白色实验室服触摸操作系统。80年代中期，我所在的计算机专业班级使用的是计算机制造商迪吉多公司（DEC）提供的Unix小型机，而非大型机，但这些计算机仍然由操作员看守，只允许学生每天使用几个小时，运行他们自己的程序。我为了完成苏黎世大学计算机科学专业的博士论文，大多数时候只能在操作系统之外模拟我的新想法，因为我们不被允许直接在一个珍贵的小型机里修改Unix操作系统源代码。

当IBM个人电脑和它的仿制产品出现后，一切都改变了，一些计算机科学教授为了更好地完成个人电脑教学，开始改写出简单的Unix版本。其中最为广泛使用的Unix新版本之一是Minix，这是由阿姆斯特丹自由大学的计算机科学教授安德鲁·塔能鲍姆开发的类Unix系统。到1991年，学者和研究人员开始大量广泛使用不同版本的Unix，但它们在商业世界里处于狭缝地位，IBM主机和迪吉多计算机公司的小型机仍然占统治地位。

虽然，学者们可以获取和使用不同版本的Unix，但大多仍只能得到可执行的"二进制"代码，而不是容易修改和重新编译成二进制形式的可二次发布的源代码。其中一个很著名的例外，是伯克利软件Unix发行版，就是所谓的BSD Unix。但即使是这个发行版，它的权益仍由加州大学伯克利分校小心翼翼地保护着，直到一个具有传奇学术声誉的学者以计算机黑客的身份改变了这种现状。

理查德·斯托曼，是麻省理工学院计算机科学实验室的程序员，他启动了一个项目,称为 GNU——是 GNU's 的缩写,而不是 Unix 的缩写——其目标是建立一个"新的 Unix",它不再基于为贝尔实验室和伯克利分校所有的受保护的 Unix 版本。斯托曼是一个传统的计算机书呆子,留着一头长发,编程技巧超群。斯托曼曾一度因太长时间使用键盘,得了腕管综合征,他的手变得完全麻木,不能再使用键盘。因此,他不得不雇用 MIT 本科生,向他们口授他的计算机程序,就像管理人员向秘书口述一封信一样。由于斯托曼想让所有人可以访问到他的计算机程序,他建立了自由软件基金会,其目的就是以源代码的形式将软件提供给大家。免费软件用户的义务是,他们对自由软件做的任何修改都要免费提供给社会。尽管斯托曼没有达到重建一个全功能版本的操作系统的最终目标,但是到了 1991 年,他已经努力工作了将近十年,一手重建了大部分的 Unix。

这个任务就落到了李纳斯·托瓦兹的身上。作为一个来自芬兰的年轻学生,他确实不太像一个创造者,一个能够建立唯一能和微软——这一在小型服务器市场占主导地位的操作系统——相抗衡的创造者。1991 年,托瓦兹在赫尔辛基学习计算机科学,并测试安德鲁·塔能鲍姆的 Minix,试图建立一个"自由的操作系统(只是一种爱好,不会像 GNU 那么巨大和专业)……"结果,事实证明,他的业余爱好,Linux 操作系统,变得比 GNU 更大更专业,这主要是归因于他身为一个创造者的高超的酷耕耘能力。托瓦兹在完成他的新操作系统的初级版本的半成品后,随即就在互联网上广泛宣传,同时邀请大家改写和扩展它。他唯一的请求是,能够将对该系统的扩展整合进入他原来的产品。但是,与理查德·斯托曼不同,他并没有禁止其他用户利用销售扩展版 Linux 赚钱。

作为创造者,托瓦兹是一个了不起的榜样。他的个性和 Minix 的创造者安德鲁·塔能鲍姆,以及驱动 GNU 发展的理查德·斯托曼都有很大的不同。托瓦兹与塔能鲍姆不一样,塔能鲍姆自己写了全部的 Minix,甚至在发给托瓦兹的一个公开电子邮件中声称其对 Minix 拥有所有权,然而李纳斯则从一开始就邀请其他人扩展和改写自己的心血结晶。他从来没有声称自己是最聪明的人，相反，他激励他人拿出更好的解决方案。

托瓦兹与斯托尔曼也完全不同，斯托尔曼带着宗教般的狂热坚持软件的完全免费：用户必须把对 GNU's 的修改免费地回馈给社会。托瓦兹的态度则轻松很多，没有那么严谨，Linux 和 Linux 的扩展可以在市场上销售。后来的事实证明，这种差异非常重要。向别人开放，以及对商业化较为宽松的态度使得 Linux 在所有开源操作系统中的受欢迎程度迅速攀升。托瓦兹的第一篇帖子收到了巨量反馈，并在公布后不到 6 个月，就成立了第一个 Linux 在线新闻组。

当你想到，托瓦兹不能和蒂姆·伯纳斯·李那样，借助像欧洲核子研究中心或麻省理工学院等著名研究机构作为一个跳板，却仍然能让 Linux 大获成功时，会觉得这一切更加神奇。虽然蒂姆·伯纳斯·李的工作预算不多，但他至少有一个预算。在第一年的开发阶段，Linux 完全依赖免费劳动力。此外，即便是万维网联盟，现在也是由麻省理工学院主办，而 Linux，即使在今天，除了李纳斯·托瓦兹的计算机外，也没有其他正式的组织。

但托瓦兹非常会激励他人。他发布第一篇帖子时，出色地调动了程序员的自我意识，成功招募到了其他顶级开发人员。在最初的 6—12 个月内，他很好地形成了自己的协同创新网络，吸引了一批人才，如阿里·莱姆克，提议了 Linux 名称并建立了 Linux 主要的在线新闻组；威尔士的程序员艾伦·考克斯，后来成为了李纳斯·托瓦兹最信任的助手；曹予德，最初是麻省理工学院的学生，后来是麻省理工学院的职员，在 1991 年，成了第一个来自北美的 Linux 核心程序员，与阿伦·考克斯一起增添了初步的网络功能。

在以合作方式快速开发 Linux 的过程中，最初的协同创新网络开始发展自己的社区，形成了一个协同学习网络，宣传 Linux 的功能。他们大多在互联网上进行口碑宣传，并迅速拥有了一群忠实追随者。我记得，在 1996 年初，我不得不重新编译家里的 IBM 个人电脑的 Linux 系统，使其能够识别其硬件配置。这项工作不是为弱者准备的，因为它需要非常强大的计算机科学技能。不过，依托瓦兹所言，这正是早期 Linux 用户所寻找的东西。毕竟，他宣传Linux的广告是这样描述的:"男人,会写下他们自己的设备驱动程序……他们只是急切地想修改操作系统,以满足他们的渴望,并获取经验。"

1992年11月公布了第一个"Linux发行版",这是一组捆绑软件,更加容易安装,其后又有很多其他版本随之发布。每个特定的Linux版本都有其程序员和忠诚客户,程序员形成了自己的协同学习网络,编写软件以满足忠诚客户群体的需求。其中,最有名的三个版本是Debian,Slackware和Ubuntu,他们都定期推出软件更新版。随着时间的推移,一些技术上抱负不凡的用户从消费者转变为核心团队成员,形成了一个全力投入的Linux程序员协同创新网络。

当Red Hat于1995年开始出售其首个商业软件版本时,很明显,Linux实现了突破。它不再是一个电脑发烧友的爱好,而成了商业主流软件。随后,其他Linux发行版厂商紧随Red Hat做出了相似举措,目的是让最终用户安装Linux时像Windows那么简单。由Red Hat Linux和SUSE用户组成的一个协同兴趣网络(CIN)迅速崛起。SUSE是另一个商业Linux的领先发行版厂商(由Novell公司于2003年收购)。与此同时,行业巨头IBM和HP开始从基于Linux的业务中获取数十亿美元的利润。1997年,当虚拟技术爱好者的主要聚集地之一——Slashdot网上论坛被发起时,很快就成为Linux协同兴趣网络分享Linux最新消息的主要平台。

如今,作为业界领先的操作系统,Linux已被安装在Web服务器以及戴尔、惠普和IBM的个人电脑上。据IDC[2]统计,在2012年,Linux软件销售收入将超过1亿美元。此外,通过销售基于Linux的硬件和咨询服务,IBM、惠普和戴尔等公司可以获取更高利润。对于17年前一位学生作为业余爱好开发的这一操作系统来说,成果相当惊人。这才是最好的酷耕耘!

Linux就是优秀的酷耕耘!表1-2说明了创建万维网和Linux的四个步骤——"创造者—协同创新网络—协同学习网络—协同兴趣网络"。

表1-2　万维网（World Wide Web）和Linux的酷耕耘

	World Wide Web	Linux
创造者（创新） 产生概念 口碑营销	蒂姆·伯纳斯·李创造了万维网的概念；在1991超文本会议上宣布了它	李纳斯·托瓦兹编写了第一个Linux内核；向Minix新闻组发了电子邀请信
协同创新网络（合作） 开发产品 口碑营销	学生小组开发HTML/HTTP；通过万维网社团进行口碑宣传	学生团体发展Linux内核
协同学习网络（沟通） 发展潮流 口碑营销	早期推崇者在大学/企业设立Web服务器；在WWW会议上推广	Debian发行版的开发人员/早期推崇者在大学/公司/家里编译Linux
协同兴趣网络 （沟通/分享兴趣） 使用/购买产品	组织广泛地设置其Web服务器；Netscape商业化/让大家都可使用Web	SUSE / Red Hat开始介入；最终用户广泛使用Linux； Slashdot论坛建立

（进程）

正如我们所看到的那样，蒂姆·伯纳斯·李和李纳斯·托瓦兹是最好的酷耕耘者的榜样。酷耕耘者最先关注的是想法，如果他们想法正确，利益回报和其他成功会接踵而来！我们将在"创造者"这一章节中分析他们如何做到这一点，但在这之前，让我们先仔细看看这个伟大的酷耕耘的推动力：群体创造力，它是协同创新力背后的主要力量。那么群体创造力的工作原理是什么呢？

二、群体创造力——酷耕耘的动力

> 志愿者们坚定不移地致力于最好的翻译工作,他们不在乎花费自己多长时间……这是一种激情,一种做职业枪手也得不到的激情。
>
> ——摘自 TED 媒体执行制片人琼·科恩的《志愿者的翻译质量》*

没什么比全身心投入的群体更有创意的了。尽管一些聪明且勇于奉献的个体提出了许多开创性的新想法,但是如果他们没有特定的群体支持的话,也是不可能成功的。发明者个体在自己的作坊里独自摆弄,或者甚至在一个大公司的科学实验室里面做研究,都是无法成功的。只有群体的集体努力才能使一个个伟大的想法成为现实。目前,在互联网经济环境下,有许多案例可证明这一事实,比如我们上面看到的万维网和开源软件 Linux 的建立和发展。一些商业公司,如宝洁、乐高和谷歌,也正是在遵循这一原则的基础上蓬勃发展的。

这些创新团队成员长时间努力工作,取得了惊人的成果——他们这么做的唯一动机是热爱这个新的创意,他们感觉自己是这个团队——一个可能会改变世界的团队的一分子。他们最初的想法不是为了获取经济收益,而是挑战或解决一个难题,让世界变得更加美好。而宝洁、乐高、谷歌等商业公司,也令人信服地证明,在一定的时候,他们的创新也会获得巨大的回报。

创新团队成员不仅具有创造性,更重要的是他们具有群体创新意识。"群

---

* A Web That Speaks Your Language, http://www.nytimes.com, May 17, 2009.

体创造力"表示一种积极的行为,这种行为来自于集体意识,并能最终产生优异成果。在生物学中,群这个词用来描述朝着同一方向行进的一群动物的行为。蜂群充分体现了这个概念:没有指挥中心,蜜蜂自组织筑巢,饲养和培育它们后代成长,采集食物,甚至决定谁成为它们的下一个王后。人类一起向同一个创新目标奋进,会产生非常有趣而令人兴奋的潮流。人们蜂拥组群,所释放出的创造力,强于任何只是为满足需求而进行的组织创新。

随着在线交流方式的广泛应用,人类群体创新的能力成倍增长,可快速形成跨国界、跨地域、跨组织边界的创新群体并协作完成创新任务。在大大小小的公司中,一些富有创造力的个体聚集在一起,共同探索感兴趣的创意,不管这些创意是否与公司收入直接或间接相关。这些新群体的核心就是协同创新网络,或称为 **COINs**。

以协同创新网络为基础的群体创新模型基于三个原则。这三个原则是运用群体创造力的一个逻辑推论。

(1)**给出力量获得动力**。这是最为重要的原则。让每个人都参与协同创新网络,无论他们参与到哪个层次,让他们都有一种感觉,那就是他们具有新的想法,提出了解决方案,以及做出了宝贵的贡献,这将使所有成员都具有一种强烈的归属意识。这也意味着,在任何时候协同创新网络成员都可自由离开,其他团队成员也不会阻止。

(2)**依靠内在动力**。这一原则可释放群体创造力,它与赋予群体力量紧密相连,不仅让群体自组织,还提供一个培育土壤让创意开花。这尤其意味着,至少在最初阶段,协同创新网络成员不该因自己是群体的一部分而获取报酬。好的点子可以创造潮流,创意和知识应该在团体或网络中自由分享。如果团队接受这个新创意,则新的协同创新网络就开始成长,这个创意就成为一种新的趋势。团队建设者尽力支持群体发挥潜在创新力,让群体创新产生。从这个意义上来说,他们依靠群体创造新东西。这个初始团队组合不应采取经济激励措施,稍后阶段可能会有经济激励,但至少在开始时,它们只会分散协同创新网络成员对目标的注意力。

二、群体创造力——酷耕耘的动力

(3) 发现酷的潮流,寻找很酷的人。优秀的酷耕耘者同时也是很棒的酷狩猎者——想想风险投资人。最好的酷耕耘者都知道,任何伟大的想法都需要一个伟大的团队来实现它,这样的团队也正是风险投资人所需要的。在网络搜寻或寻找下一个很酷的事情时,酷耕耘者寻找的关键就是那些融入网络的领导者,他们不是把自己当作网络明星,而只是作为群成员。然后,酷耕耘者会吸收这些领导者加入自己的事业。

群体创造力的这三项原则在"酷耕耘"中紧密相关,其目标是让具有内在动机的关心事业高于自我的人尽早参与进来。理想的情况是,这些人在他们的团队中倍受尊重,而且甘愿扮演"旗手"或"灯塔"的角色。然后,这些人再吸引其他人加入进来。仅仅作为一个专家或是名人是不够的,重要的是要有高度的"集体智慧",这一点会在第 8 章中详述。

现在,我们需要了解"群体创造力"与"群体智慧"之间的区别。这两个词语经常会被混淆。特别是,我们需要将"智慧"和"创造力"这两个词区分开来。

智慧,指的是我们能够理解和应对复杂情形,意识到事情发生的价值,并从不同选项中找到最佳解决方案。计算机科学家埃里克·伯纳博最早提出了"群体智慧"概念,其灵感来自群居的昆虫[1]。特别是,伯纳博发现了蚂蚁们的智慧——它们通过铺设信息素来共同探索一条通向食物源的最短路径。

创造力则是不同的东西。它意味着建立一些全新的东西,采取看似与要解决的问题域不相关的概念来构建独创方案。这是一种独立的思考,跳出了"条条框框",用自己的判断来看待问题,而不受常见和流行意见的限制。一些社会性昆虫,如蜜蜂,作为大团队中的创造者,是群体创造力的优秀榜样。蜂群显示了群体创造力的重要模式,共同创造新的蜂房,选择它们的新女王,并寻找最好的食物源。

人类擅长协同创造全新的事物。事实上,人类历史上取得的所有进步似乎都源于群体创造力。用艾萨克·牛顿自己的话来说,他是"站在巨人的肩膀上"才提出了开创性的万有引力,是基于前人的发现,甚至可以一直追溯到古希腊时期的老阿基米德。任何有独特创意的人都是这样，莱昂纳多·达·芬奇的见解基于希腊和罗马的艺术家、哲学家和数学家的思想；托马斯·阿尔瓦·爱迪生在发明灯泡和留声机时利用了很多发明家的成果，包括爱德华－莱昂·斯科特·德马丁维尔。事实上，人类越多地建立网络和交流，就越富有创造性。

演化生物学家贾德·戴蒙在他的著作《枪炮、病菌与钢铁》[2]中的论述令人信服：地中海地区之所以成为延续1万多年的文明的历史温床，是因为它交汇了亚洲、非洲北部和欧洲人的不同文化。正是大量人类文化的混合和交融才使它成为最具创新性的区域。来自中国丝绸之路的旅行者、从廷巴克图来的商人，以及来自挪威的北欧海盗船，都聚集在地中海盆地，他们交流知识，相互学习。然而，在被欧亚盆地切断的其他地区，如撒哈拉以南的非洲、北美和南美，以及澳大利亚，创新步伐明显放缓，看来创新速度与相互间交流的人口规模成正比。虽然非洲南部的撒哈拉能够独立地发现铁的用途，但在美洲或澳洲的更小群体的人不可能做到这一点。事实上，在与澳大利亚相邻的巴布亚新几内亚高地，人口更少，到20世纪，那里的部落仍然生活在石器时代。

简而言之：人们越是以网络和群体形式聚集在一起，就会越有创造力。这个事实不仅适用于人类，也同样适用于类人猿。

虽然"创造力"这个词是对人类而言的，但它有时也被用来描绘类人猿。例如，研究人员观察发现，当黑猩猩伸手通过瓦墙孔取食白蚁（食品），若瓦墙孔过于狭窄，黑猩猩的手无法通过时，它会用棍棒捅取白蚁。研究人员进一步观察发现，小群体里的黑猩猩如果有一个非常有创意的同伴，那么，它们也会变得富于创意。有些黑猩猩群体不会使用工具，但也有一些群体会经常使用工具获取食物。年轻的黑猩猩还会向它们的长辈学习交换技巧。所以，黑猩猩也有群体创造力。

二、群体创造力——酷耕耘的动力

1. 群体交流越多,组织表现越好

笔者的"互联网时代"研究项目,关注对象是以色列的新兴软件公司。我发现,公司 CEO 与同行的交流沟通越多,业务成功的机会就越大[3]。具体来说,我的同事 Ornit Raz 1998 年分析了 100 个领导人的沟通网络,这些人来自以色列的新兴软件公司。几年后,我们把其中到 2005 年仍然生存——即经过 2001 年的电子商务泡沫破灭冲击后幸存下来的公司进行统计,结果发现,在 1998 年与他们同行交流较多的 CEO,到 2005 年他们的公司幸存的机会也较高;越多地以非正式讨论或正式联盟的形式与潜在的竞争对手交流的 CEO,他们的公司在泡沫破灭后幸存的机会也越大。群体行为越多的 CEO——即便是同行业竞争者之间,他们的公司也做得越好!

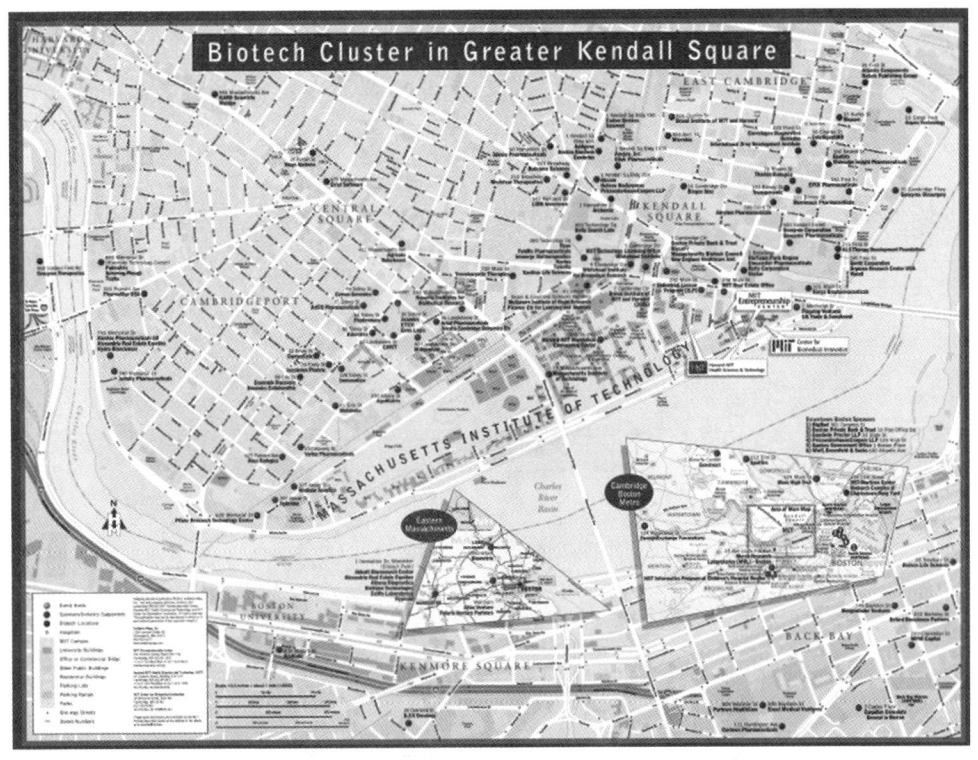

图 2-1 波士顿生物技术产业地图(来源:麻省理工学院创业中心)

在第二个麻省理工学院项目中,我的同事汤姆·艾伦和 Ornit Raz 研究了实验室之间的交流沟通[4]。波士顿生物技术集群(见图2-1)是医疗创新的温床,包括大约500个企业,从三个人组成的新兴公司到像百健艾迪公司(Biogen Idec)和安进公司(Amgen)这样的大型上市公司。项目组在该集群中选取了150家新兴生物技术企业,要求在这些企业工作的科学家们提供他们与其他公司和研究实验室的科学家们交流沟通的信息。在整整一年中的每一周,科学家们随机选取一天向项目组汇报他们当天交流的公司和大学的名字。

结果相当惊人。首先,物理位置上越近的公司科学家的交流越多(见图2-2)。大多数沟通都发生在麻省理工学院和哈佛大学周围五英里半径的范围内;相互距离超过五英里的公司交流活动呈大幅度下降趋势。这完全出乎意料,因为——在信息时代,利用电话、电子邮件或其他电子通讯方式,很容易联系任何地方的任何人。然而,15分钟车程以内的公司的科学家们之间的交流明显更多。此外,新兴公司最活跃的沟通合作对象,不是其他,而明显是两所大学——麻省理工学院和哈佛大学,她们是交流沟通的中心,因为被初创公司的研究人员频繁提及。

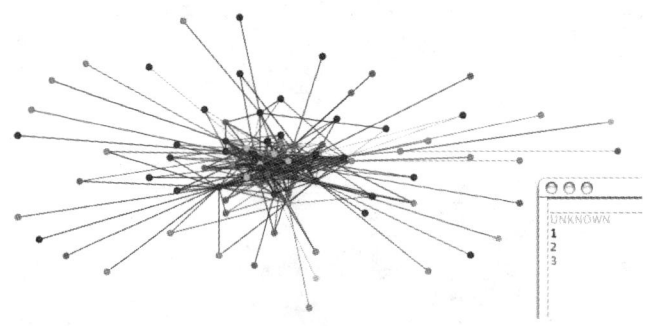

图2-2 越向中间靠拢,沟通强度越高。黑色表示距中心两英里之内;暗灰色表示距中心两英里到五英里;浅灰色,距中心超过五英里。注意,点与点(比如,公司与公司)之间的距离表示交流的强度,而不是位置。

如果把专利数量作为衡量指标,结果显示,一个公司内,与同行和竞争对手沟通最多的科学家,他产生的新想法也最多。这意味着,科学家们与竞争对手的研究人员交谈沟通得越多,就越富于创造性。正如上述,公司之间的距离越近,或者公司距离麻省理工学院和哈佛大学越近,科学家就越有机会和同行们一起交谈。因此,即使创新群体成员来自其他公司和外围实验室,也有益于公司发展,而且,形成创新群体还会给为公司带来其他利益。

2. 群体商务击败"黑天鹅"

在应对悲剧性灾难时,自组织群体表现得更好。那些一直被政治家和军事家吹捧的传统智慧——宣扬层级组织能够更有效地应对危机的论调有时是错误的。一般而言,效率意味着反应速度。在制定策略时,如果由少数代表多数做出决策,而这个策略对多数人而言却是错误的,那该怎么办?

2008年秋天,世界金融市场陷入混乱,投资银行雷曼兄弟公司、美林和贝尔斯登的灭亡,只是冰山一角。投资银行家通过不法交易来最优化其短期利润,使金融系统陷入瘫痪状态。从外部看,似乎是华尔街遭受了无法预测的、巨大的、外部性灾难性事件,就像"9·11"事件中一小撮恐怖分子劫持飞机突然袭击纽约双塔一样。但是,这些重大的突发事件,每隔一段时间就会发生,这与我们所有复杂模型的预测完全相反。

在中世纪,人们认为所有天鹅都是白色的,黑天鹅根本就不存在。而在2008年,"黑天鹅"袭击了人们引以为傲的华尔街投资银行。

纳西姆·尼古拉斯·塔勒布在他2007年出版的关于银行业的畅销书《黑天鹅》中写道:"金融生态环境膨胀成巨大的、混乱的官僚银行——一个倒下后,其他也陆续倒下。银行的集中化看起来似乎有利于降低金融危机的可能性,但是,金融危机的发生是全球性的,对我们的打击非常巨大……如果有一个不同的金融生态环境,能够让金融机构在即将破产之际迅速更新,会好很多。"塔勒布展示出了不可思议的先见之明,因为仅仅在一年之后,次贷危机就让世界上最大的银行陷入了有史以来最严重的危机。花旗银行、瑞银和贝尔斯登本来认为，他们有钢铁般坚固的风险管理机制，可以避免2008年的金融危机。正如塔勒布所写的那样，这些银行在规划各种可预见的风险方面做得非常好，只是被巨大的"黑天鹅"击中时，才会遭遇到难以预测的毁灭性打击。

自组织群体更善于处理各种灾难，这一点只要看看蜜蜂就能明白。在一群蜜蜂中，即使部分收集蜂蜜的个体遭遇意外，蜂群也能够完美无缺地继续工作。当受到一个真正的巨大威胁的攻击时，蜂群能够很好地应对，比如女王意外死亡。面对这种情况，蜜蜂会立即自主地实施接任计划。它们会选择一个普通幼虫，并开始给它喂食蜂王浆，使其成长为一个蜂王。它们这样做并不是受到了中央指令的调控，而是蜂群的自组织决策行为。通过这种方式，蜂群避免了灭绝的命运，并很快有了新的女王开始产卵，确保蜂群的进一步繁荣。

就群体业务而言，也是如此。在一篇《斯隆管理评论》中[5]，我将"群体商务"定义为：基于群体创造力和协同创新网络原理的企业经营，它关注的重点是群体，其次才是赚钱。在这样一个分散的自组织业务中，风险管理不再高度集中并向一个高层 CEO 直接汇报，而是成为每个成员日常工作的一部分。在群体业务中，也会不断地出现小故障和小灾难，但不会有2008年金融市场所经历的那种灾难性的崩溃。

互联网为我们提供了这种分权经济模型。近十余年来，eBay 被认为是互联网经济的榜样，为一切商品提供了在线市场。乍看之下，eBay 非常像一个群体商务。eBay 平台提供了一个生态环境，让许多小商贩有机会借助其平台开始自己的事业，销售其特有的商品，eBay 从网站销售的商品收入中收取一定费用。人们愿意向 eBay 支付一小部分费用的原因是，它作为一个可信任的中介，保证了金钱从买方转移到卖方。从这个意义上说，eBay 在其经济生态系统中处于核心地位。

但是，与 eBay 不同，在 Craigslist（克雷格网站）上，每个人都可以免费买卖东西,而不需要中央指令的控制,在大多数情况下,无须支付任何费用。就这一点而言,实际上,Craigslist[6]是一个比 eBay 更好的群体商务模型。Craigslist 上的买家要确保其高信任度,他们互相监督,在 Craigslist 上相互转告,并向 Craigslist 运营商举报问题。就像 Craigslist 创始人兼董事长克雷格·纽马克所说:"帮助人们做一些很好的工作是相当不错的事情。"克雷格自称为"书呆子",并声称他的公司是利他主义的。他的原则显然对该群体十分有利。他还将 Craigslist 描述为社区荟萃组织者,并一再强调他的公司以群体业务为基础。

"创造性群体"既有利于个人也有利于公司。这是产生很酷的新创意的最好方式。作为群体的一员,我们的酷耕耘者既有创意,又能将已有成果付诸应用,并把它们转换成新的事物。现在的问题是:对酷耕耘者而言,群体创造力的基本原则是什么?为了深入考察创造性群体的内部运作,让我们暂时离开人类酷耕耘者,先看看动物王国中具有内在动机的酷耕耘者——蜜蜂。

3. 蜂群的启示

蜂群在酷狩猎和酷耕耘方面的成功令人难以置信。一个寻找蜂蜜的蜜蜂就像一个酷狩猎者。人类的酷狩猎者寻找最新的潮流,而蜜蜂的酷狩猎者寻找蜂蜜,这个对比也适用于酷耕耘。蜜蜂跳摇摆舞,邀请其他蜜蜂跟随它找到新的蜜源,对应于一个协同创新网络的酷耕耘成员招募其他人加入自己的事业。因此,让我们看看,从蜜蜂的酷狩猎和酷耕耘中,人类酷耕耘者可以学习到什么。

蜜蜂是自组织的典范,似乎没有中央指令的调控也能完成最复杂的任务。没有任何明确的领导者,蜜蜂也可以修建完美的六角形蜂窝。育雏时,它们群体内部协作完美。蜂群决定谁将成为新王后,而不是像人们想象的那样,由原女王生产一个特殊的卵来决定。它们跳摇摆舞来确定蜜源的自组织系统如此有效,以至于 Web 网络服务器的农场运营商已开始模仿它。在一次摇摆舞中，发现了很好蜜源的一只蜜蜂，开始在蜂巢中"跳舞"，其他蜜蜂加入它的舞蹈。它的舞蹈告诉其他蜜蜂蜜源所在地。摇摆舞者越兴奋，加入舞蹈的蜜蜂就越多，随后一同飞往蜜源。事实上，将整个蜂群看作一个永生的超有机体更有意义，而不是只关注某个蜜蜂个体。我们可以将蜂群创建超级有机体的方式看作是"创造者——协同创新网络——协同学习网络——协同兴趣网络"进程的蓝图。一群蜜蜂分裂和复制，提高其基因库；协同创新网络分裂，成员数量增长，成为新创意和新潮流的载体。

图2-3　蜂群如何完成酷耕耘

图2-3说明了蜜蜂酷耕耘过程的四个步骤。蜂王是一个新群的创造者，负责建立一个新蜂巢。一旦蜂群跟随女王离开蜂房，它们会暂时栖身在一根树枝上，围绕着女王（图2-4）。然后蜂群让侦察蜂们为蜂巢寻找一个永久性地点，这些侦察蜂相当于协同创新网络成员和酷狩猎者。它们还需要表明新找到的位置的优点，以说服自己的姐妹们接受新蜂巢的位置。首先，它们各自跳热烈的摇摆舞来影响姐妹们。最有说服力的摇摆舞会让跟随者数量缓慢而稳步地增加，其他蜜蜂加入它的摇摆舞，并将位置信息传递给更多的追随者。这个逐渐成长的酷狩猎者群对应于协同学习网络（CLN），其新成员通过向核心协同创新网络成员学习技巧——新蜂房的位置，并加入初始的协同创新网络。

二、群体创造力——酷耕耘的动力

图2-4 蜂 群

　　一旦蜂群中足够数量的蜜蜂接受了最佳的新蜂房位置，蜂群马上会爆发，这意味着它到达了它的临界点。这次爆发是由酷狩猎蜜蜂触发的，协同学习网络和协同创新网络成员向其他蜜蜂发出蜂鸣声，并在蜂群中从一只蜜蜂爬过另一只蜜蜂。发出蜂鸣声与摇摆舞不同，它是一个更快的途径，协同学习网络和协同创新网络可用此来说服它们的姐妹，简单地告诉它们转移到新位置的时间已经来临了。发出蜂鸣的蜜蜂继续嗡嗡作响，接着，它们略微提高自己的体温，逐渐使整个蜂群的温度升高。一旦蜂群温度超过一个阈值——临界点，蜂群就会爆发，所有的蜜蜂开始飞行，在酷狩猎蜜蜂的引导下到达新蜂巢的位置![7]在那里，整个蜂群又开始做事，并转变为一个协同兴趣网络（CIN），开始修建蜂巢和新家。

　　蜂群为酷耕耘新的潮流提供了一个美妙的比喻。人类的酷耕耘者可以从蜜蜂的四个步骤：创造者—协同创新网络—协同学习网络—协同兴趣网络中学习到更多。

创造者——蜜蜂

吃蜂王浆。当一个年轻的蜂王从它母亲那里接管蜂房后，第一年它关注的是蜂群内部的增长、产卵和培育许多工蜂。然而到了第二年，工蜂通常会挑选和培育一个新女王。这个新的年轻王后产生于一个普通的卵，但吃到了特殊的食物——蜂王浆，把它变成了一个年轻的女王，而不是一个普通的工蜂。人类群体中有时也会发生非常类似的事情，较年长的群成员会向有抱负的协同学习网络成员输送人类的"蜂王浆"——关键知识，以使他们完全有资格成为协同创新网络的核心成员。

我们可以在许多的人类酷耕耘者中发现这个进程。例如，当乐高首次推出它的机器人可编程乐高积木组件时，一些用户快速窃用和修改了它的软件。乐高最初想要捍卫自己的知识产权，想在开发自己的升级产品时阻止机器人软件黑客。但他们很快发现，其实鼓励和帮助黑客们改进乐高产品，让他们成为其团队主要成员，反而可以让黑客成为乐高软件的代表和新产品的开发者。于是，乐高改变了它的战略，公开其接口来支持机器人黑客，并支持他们接触乐高自己的开发人员和使用开发工具——给他们喂蜂王浆。如今，该公司甚至给最活跃的机器人黑客提供免费的工具包。作为回报，这些黑客成为公司最新潮流的侦察者和领导者，不断开拓创新，不计报酬地为公司打造最酷的机器人扩展程序。第 6 章中会对这个案例进行详细描述。

传播女王的信息素。在蜜蜂的世界里，蜂群成员通过独特的气味来区分本群和外来的蜜蜂，这种气味是从它们的女王那里得到的。女王有一种信息素，可以让群里的每一只蜜蜂都带有特殊的气味。当一只陌生的蜜蜂接近蜂巢时，守卫的蜜蜂就会检查它的气味，如果它没有该群的气味，就被打发离开。但是，一只外来的蜜蜂也有机会以贿赂的方式进入该群，那就是它要满载蜂蜜或花粉，以此为礼物换取入场券。这与有抱负的新协同创新网络成员向群体提供他们的技能和知识，以获取群体的接受非常类似。

一旦女王不能再提供足够的信息素，蜂群就会选择一个新的女王。协同创新网络也是如此。在过去,一些商业帝国的领导者,如迪士尼的迈克尔·艾斯纳和通用电气公司(GE)的杰克·韦尔奇都非常成功。但帝国领导人的时代已经过去了,要在当今更为开放和透明的经济活动中获得成功,仅凭强烈的自我意识或是单项技能,就像一名律师或扭亏增盈专家那样,是不能获得成功的。相反,一个领导者的"信息素"需要具备契合群体特性的个人魅力。他需要具备深远的眼光,是谦卑、谦虚、温和,以及平易近人的个性的集合体。这是建立一个成功团队的个体特征。举例来说,杰出的酷耕耘者,李纳斯·托瓦兹和蒂姆·伯纳斯·李,都释放出了大量的信息素。另一方面,开发一个不同的特定 Linux 版本——Linux Debian 发行版的程序员开发小组变换了一连串的领导人,当领导人不再具有信息素时就放弃他们。但是,就像一个成功的蜂群一样,Debian Lima 社区[1] 通过选择一个新女王,带来一些正确的技能,来推动 Debian 项目在每个阶段都向前迈进,从而保证了自身的蓬勃发展。

跳"摇摆舞"。在蜜蜂复杂的通讯模式中,摇摆舞最为有名,被研究得最为深入,奥地利研究人员卡尔·冯·弗里施因此项研究赢得了诺贝尔生理学与医学奖。在非中央指令调控机制下,跳摇摆舞是很好的分配任务资源的方式之一。

在蜂群中,由于可外出收集花粉的工蜂数量有限,所以侦察蜂会先去寻找最好的蜜源。这些侦察蜂返回蜂房,会跳起摇摆舞,告诉姐妹们哪里可以找到花蜜。工蜂们受到招募,跟随侦察蜂跳舞,直到学会正确的动作。摇摆舞确实是一个精心设计的营销方案。跳摇摆舞的侦察蜂相互竞争招募它们的姐妹——也就是留在蜂巢中的工蜂的关注。每个摇摆舞者试图吸引最多的围观者,激发它们加入到摇摆舞中。潜在的蜜源越是广阔和方便到达,侦察蜂就会在跳"推销"蜜源的舞蹈时越兴奋和活跃,相应地,会有越多的蜜蜂跟随它去相应的新蜜源。工蜂会跟着侦察蜂继续跳舞,直到采集完花蜜,或者发现了一个更具有吸引力的舞者。这个系统让蜜蜂从一个蜜源顺利转移到另一个蜜源,而不存在领导者或中央指令部,让决策过程减缓下来。

对协同创新网络而言,也是这样。通过"摇摆舞",协同创新网络成员从协同学习网络和协同兴趣网络吸引新人加入,最活跃的摇摆舞者招募到更多的新成员。1991年,当蒂姆·伯纳斯·李于圣安东尼奥召开的 ACM 超文本会议午餐期间提出他的万维网系统时,或当李纳斯·托瓦兹将他最初的电子邮件发送到 Minix 的邮件列表时,他们就是在跳一个热烈的"摇摆舞"。我们会在第 3 章"创造者"中探讨人类摇摆舞的更多细节。

但是,用于沟通的摇摆舞还有另一种用途,这与人类酷耕耘者的激励机制具有相似之处。分巢时,蜜蜂跳摇摆舞来传达新蜂巢的位置。侦察蜂(狩猎者)分两步告知它们姐妹新蜂房的位置。它们先跳摇摆舞来获取追随者;当引领的蜂群足够大时,它们就会提升蜂群的热量。人类的酷耕耘者遵循相同的步骤。在第一个步骤中,协同创新网络成员跳"摇摆舞",以个别的一对一的互动来吸引新人追随他们的事业。然后,协同创新网络的核心成员努力再赢得他们朋友和家庭网络中协同创新网络新成员的参与,并将协同创新网络扩展为新成员的协同学习网络。随着时间的推移,一些新成员会加入最初的协同创新网络,而其他人也会很乐意继续做协同创新网络产品的用户。他们所有人一起共跳"摇摆舞",传播这个创意,为使命招募新人的加入。

有一个案例是人人电脑计划(OLPC):"蜂王"尼古拉斯·尼葛洛庞帝(Nicholas Negroponte),前麻省理工学院媒体实验室主任,从一个由十几个志愿者组成的小团队开始,力求创建一个低成本高效益的方案,以低廉的价格,给发展中国家的孩子们每人一台合乎他们需求的笔记本电脑,以替换被微软 Windows 垄断的英特尔个人电脑。尼葛洛庞帝和他最初的协同创新网络跳了很多个人"摇摆舞",以赢得新人的加入。尼葛洛庞帝巡游世界,在达沃斯举办的世界经济论坛上兜售他的想法,并与国家元首通话;同时,他的忠实的朋友沃尔特·本德尔中尉在麻省理工学院媒体实验室的小办公室里,与记者和其他任何愿意倾听的人进行一对一的会谈——跳无数的"摇摆舞"。

OLPC 的协同创新网络持续快速增长。核心成员仍然不断地跳大量的"摇摆舞",教其他成员;同时,他们也发出"嗡嗡"声,提高群体热量。他们嘉奖开源软件开发者和热情的组件供应商，以发展一个庞大的协同学习网络。"向蜂群发出嗡嗡声"——他们以双倍于成本的价格向美国公众提供OLPC，目的是让公众和他们一起共同创办为发展中国家的孩子提供帮助的OLPC。成千上万的美国人已经接受了他们的报价，从而使OLPC达到了临界点。

作为协同创新网络成员的蜜蜂

协同创新网络的成员是酷狩猎者。 一旦一个蜂群决定分巢，离开原来的女王和蜂巢，并建立一个新蜂房，就需要最好的狩猎者去为新家寻找最佳位置。侦察蜂不是由蜂群选出的，而是它们自己决定是否去执行这个危险的任务。侦察新蜂房位置的蜜蜂同样也是最好的蜂蜜收集者。而这些最好的狩猎者中最优秀的蜜蜂，就是返回蜂巢报告它们已经找到新位置的蜜蜂，也是最棒的酷耕耘者。最成功的酷狩猎者找到了最好的位置，会跳起最活跃的摇摆舞。因此，它们酷耕耘到了新工蜂，跟着它们来到新蜂巢的位置，并仔细核查。

酷狩猎者是群体中的精英，是经验最丰富的蜂蜜收集者。这些侦探蜂们成长的蜂巢环境比那些没有它们聪明的姐妹们所生长的环境温度要略高一些。它们为新蜂巢而做的冒险之旅，不是因为女王的命令，而是因为基因的影响，使它们成为潮流领导者。对人类的创造者而言也是这样，他们培养具有自我激励能力的潮流达人加入他们的群——协同创新网络，其目标是培育一支由具有内在动力的只关心创意和愿景的一组人建立的团队。

成功的风险投资人也是酷耕耘者，同时也是酷狩猎者。风险投资人寻找很酷的商业创意，也酷耕耘他们投资的商业创意。但酷耕耘主要关注的是人，其次才是想法。当具有传奇色彩的风险投资人约翰·多尔（John Doerr）寻找新的商业创意时，他首先搜集人才，然后才是想法。虽然很酷的想法十分必要，但如果这个想法的创造者不是酷耕耘者的话，也不会得到理想的结果。我们只要比较一下爱德华-莱昂·斯科特·德马丁维尔和托马斯·阿尔瓦·

爱迪生便可窥见一斑。约翰·杜尔寻找的是爱迪生而不是德马丁维尔，他需要的不仅是有好点子的人，而且是可以与其他人合作来耕耘他们自己创意的人。

蜜蜂不断变换角色。一生当中，蜜蜂在蜂巢中担当不同的角色。刚刚成年时，这些年轻的蜜蜂做清洗蜂格的琐碎任务，照顾蜂巢。后来，它们开始育雏、照顾女王，并接收花蜜和花粉。然后，它们开始修建蜂巢并让蜂巢通风。只有非常成熟且有经验的蜜蜂个体，才开始与外界联系，最初担任保安人员，确保仅让自己蜂房的成员进入并阻挡入侵者。最后，它们成为蜜蜂精英，开始觅食，成了好蜂巢所必需的花蜜收集者。

协同创新网络成员也是如此，他们将承担多种不同的角色。根据群体的不同需求，协同创新网络成员要成为蜂窝清洁者、蜂窝建造者、蜂巢警察，或蜂蜜收集者。很少会有一个新蜜蜂刚加入群体就成为新的蜂王。通常情况下，新协同创新网络成员受愿景和手头的任务的吸引，会作为协同学习网络的边缘成员加入该群。然后，他们以自己的工作方式渐渐进入协同创新网络的核心，在这个过程中，他们从经验丰富的成员那里学习新知识。他们只有显示出自己对蜂巢的价值时，才会成为精英蜜蜂、酷狩猎者，以及协同创新网络的核心成员。

例如，艾伦·考克斯，威尔士的程序员，成了李纳斯·托瓦兹最信任的助手。为 Linux 全职工作的麻省理工学院的学生 Ted Ts'o，在参与 Linux 的十余年中，有过许多不同的角色。开始时他们只是程序员新手，后来成为关键模块的维护人员，开发 Linux 的网络版本和其他核心功能，艾伦甚至在加入了一个商业化 Linux 供应商企业的同时，还在无偿地进行基本开放源码的开发。

蜂群塑造蜜蜂的个性。从外部看蜂群，所有的蜜蜂似乎都是相同的。但蜜蜂研究人员告诉我们，其实并非如此。首先，虽然一个蜂巢里面所有蜜蜂有一个共同的母亲，但它们可以有不同的父亲。蜂王可以离开蜂巢飞行与不同的雄蜂交配，这意味着，在一个蜂巢里，蜜蜂要么是亲姐妹要么是同父异母姐妹。其他因素都是一样的，蜜蜂更喜欢喂养与它们的基因完全相同的蜜蜂幼虫。这意味着，它们更喜欢喂养同父同母的幼虫——它们的亲姐妹。

但是，为了群体的生存，同质化和多样性都是必要的。除了从不同的父亲那里获取不同的基因外，蜜蜂还有第二个机制来确保蜂群的多样性和适应性。令人惊讶的是，蜜蜂可以控制自己妹妹的性格。蜂巢温度的高低可以决定年轻的蜜蜂未来是成长为长寿的落后分子还是短命的工作狂。蜜蜂可以吃蜂蜜并把多余的能量转化为热能，从而可以随它们自己的意愿来提高蜂巢的温度。当它们急需蜂蜜收集者的时候，它们会意识到这点并使用这个技能。另一方面，如果群体需要冬眠，蜜蜂将减少热量排放，以保证其后代不再像蜂蜜收集者那么活跃，但寿命更长。

人类群体也可决定其新增加成员的特性。在初始协同创新网络阶段，工蜂在周围发出蜂鸣声加热。在启动时的高压环境中，年轻的蜜蜂工作非常辛苦，可能很快会筋疲力尽。在接下来的阶段，协同创新网络的热量会比较低，特别是在外围，蜜蜂的步调将会更加悠闲。在这种飘飘然的不太兴奋的环境中，新成员待的时间会更长一些。就像一个蜂箱里的蜂群，不存在"一刀切"的做法，而由协同创新网络以它们面临的需求来调节群中的热量。协同创新网络的需求影响着蜜蜂个性的发展。

DNA决定动机。蜜蜂整天工作，所以才有俗话"忙得像只小蜜蜂"。这是为什么呢？从理论上讲，一只懒惰的蜜蜂可能会一整天都舒适地待在蜂窝里，泡在勤劳的姐妹们采回家的蜂蜜里。而事实上，雄蜂正是这样做的，他们吃蜂蜜，过着美好的生活，时不时地寻找一只女王发生性关系。不过，他们会为此付出沉重的代价。一旦蜂巢不再需要他们，他们就会被无情地踢出局外，因为他们从来就没有学会维护蜂巢和收集蜂蜜的技巧，他们会悲惨地饿死。另一方面，他们的姐妹，则非常努力和勤劳，依次更替不同的工作角色，直到成为最高水平的蜂蜜收集者。但是它们为什么会如此努力地工作，而不仿效它们的兄弟们享受慵懒的生活呢？答案很简单：它们的基因决定它们"只能这么做"，是基因让它们为整个蜂巢的利益相互合作，让蜂巢成为一个非常稳定和长久的超有机体。只有当所有蜜蜂担负起责任，与更多更好的蜜蜂一起工作，才能让整个蜂巢蓬勃发展和壮大，更加茁壮成长。

人类的协同创新网络和协同学习网络也是这样。例如，Debian Linux 发行版所持续的时间，已经远远超过十多年前由创造者推出的免费 Linux 操作系统。在创建 Debian 项目时，它的领导人首先要做的事情之一是建立一个行为准则，被称为"Debian 宪法"——规定 Debian 的协同创新网络和协同学习网络如何处理自身及外界事务的基本规则，实际上是规定了他们群的遗传密码。Debian 群体已经经历了一连串的领导人更替，但其最初的目标并未改变。而且，事实上，它已经蓬勃发展，并持续成为占主导地位的非营利性 Linux 发行版本之一。Debian 的第一个创造者最初种植的基因，非常成功地成长为一个充满活力并长久生存的蜂巢。这个蜂巢已经发展壮大，并通过新蜂王增加了新的基因，他们成功地与其他 Linux 发行版群体进行竞争，同时还开发了一连串的 Linux 发行版。

作为协同学习网络成员的蜜蜂

多样化的蜂巢最成功。在一个蜂群中，蜜蜂虽然都是姐妹，但它们之间仍然存在遗传的差异，因为它们是女王与不同的雄蜂交配所生产的后代。人类喜欢与"像我们一样的人"一起做事，科学上将这种现象称为"同质性"。同样，蜂巢中的蜜蜂也会优待基因与自己完全相同的姐妹。然而，作为一个超有机体，蜂巢的遗传多样性也会带来好处，研究表明，具有遗传多样性的群体做得更好。这意味着，在蜂箱里同母异父的姐妹比父母完全一致的姐妹要多。协同创新网络也是如此，接受甚至积极培育多样性将有利于创意和创新的产生，我们的社会网络研究已证实了这一点。我们发现，地理上的接近性和多样性都可增加经济性绩效。在我们分析马萨诸塞州的一百多个生物技术初创公司的研究人员社会网络时，我们发现，一些与很多竞争者沟通，尤其是与大学和外面的竞争者沟通的初创企业，比那些不太爱沟通的同行要成功。

群体的成长需要时间，也需要努力的工作。蜂巢作为蜜蜂的超有机体，到一定时候就会分裂,一半蜜蜂离开蜂群,寻找并建立一个新的家园。那么,在分巢时,蜜蜂是如何酷狩猎和酷耕耘它们的新蜂房呢?一旦一群蜜蜂决定离开老蜂巢,这群蜜蜂会暂时集中在一个安全的地方,通常是在一棵树的高处。然后先派出几十个侦察蜂,去酷狩猎一个合适的地点来建立新家。选择这些酷狩猎者的不是女王或蜂群,而是由经验最为丰富的蜂蜜收集者自己决定去冒险完成这项查勘新家的危险任务,而剩余的其他大部分蜜蜂则聚在一起,停留在一个相对安全的临时位置等待着。

一旦侦察蜂发现了潜在的新家园,它们会回来向蜂群报告。在回到蜂群时,这些酷狩猎者会说明新蜂巢位置的优点,以说服它的姐妹们。作为酷狩猎者的不同蜜蜂互相竞争,都试图用自己发现的新蜂巢位置的优点说服蜂群。如果把一个新蜂房位置想象成是一个"潮流",那么,最成功的酷狩猎者就是那个最终说服它的姐妹们,让它们深信它的潮流是最酷的蜜蜂。然后,整个蜂群都会在它的带领下向新地点出发。这个侦察蜂的任务是"酷耕耘"蜂群,让蜂群到达"临界点"。为了实现这一目标,它首先需要战胜其他侦察蜂,然后跳着摇摆舞,说服几个姐妹一同去看新蜂巢的位置。

如果新加入的酷狩猎者对找到的新位置同样兴奋,它们就会返回,开始轮流地跳摇摆舞,慢慢招引新的酷狩猎者加入。在这个逐步增加兴奋度的过程中,侦察蜂需要付出一定的时间和辛勤的劳动。一旦新招募者的数量达到一个临界点,这个蜂群就被推到引爆点,即将飞向新蜂房的修建位置。

这就像在人类世界,协同创新网络的核心成员通过招募新成员来逐步让大家为他们所热爱的工作兴奋起来。在招募新成员的过程中,要与家人或朋友(协作学习网络)在工作场所进行一对一的交谈;需要写博客并发布到网上论坛,或建立一个网站。开始时,这个过程比较缓慢的,外部人员需要调查以了解情况,然后,就可能会有几个人开始有了兴趣并要求获取更多的信息,甚至有少量的人会决定更积极地参与其中。随着时间的推移,如果协同创新网络存活的时间够长,并且开始走上坡路,则协同创新网络会通过协同学习网络招募到新成员,进入到下一个阶段。

作为协同兴趣网络成员的蜜蜂

建筑蜂巢/让潮流爆发到达临界点。对于蜂群而言,这是最后的一个阶段,它们从临时位置飞往选择的新位置,建立新蜂房。为了触发这个最后阶段,"潮流领导者"蜜蜂会从蜂群中爬过,升高温度,直到蜂群最终完全爆发,所有蜜蜂飞往新的蜂巢地点。那些由最初的新蜂房的酷狩猎者招募来的蜜蜂侦察兵,成为该阶段的积极推动者,也只有在这时,它们才会使用另一种技能让整个蜂群兴奋,并到达临界点。

作为"潮流领导者"的蜜蜂并不是通过长时间地独自跳摇摆舞来说服其他蜜蜂的,开始时它们就向其他蜜蜂发出嗡嗡声,告诉蜂群起飞的时间已经到了。"相信我",它们似乎在说,"我已经为我们的新家园找到了完美的位置。请跟我来,你不会后悔的。"听到嗡嗡声的蜜蜂也开始发出蜂鸣声,慢慢地升高自己身体的温度。一步一步,整个蜂群的温度开始上升,直到它超过温度阈值(临界点),作为潮流领导者的蜜蜂开始带领蜂群向正确的方向行进,并在慢速飞行的蜂群和新蜂房位置目的地之间快速飞来飞去,给蜂群指路。蜂群跟着它们飞行,最终停留在那个新位置,并开始建立一个新蜂房。

在一个潮流开始之前,人类群体所发生的事情与上述过程完全一致。就在这个时间点,因协同学习网络成员的加入,协同创新网络得到扩展和发展壮大,热情的协同创新网络成员成为积极的宣传者,提升群体的热量,以它的热情感染周围的环境,直到它爆发。通过不断地发出嗡嗡声和蜂鸣声,他们确定和指引大方向,并设定目标。当该创新广泛扩散时,报纸采访、文章,甚至广播和电视节目就开始出现这些"嗡嗡声"了。

苹果公司推出 iPhone 的过程,为充分展示这一进程提供了良好的典范。通过系统的宣传,苹果公司"向它的群发出嗡嗡声",提升了公众对其产品的推测和讨论。在 Slashdot 极客网络和其他博客上,有一群着迷的听众,紧跟苹果公司的一举一动,猜测 iPhone 的功能和可用性。当 iPhone 终于推出后,苹果公司只能勉强满足客户的购买需求,并不得不限制每个客户最多购买两部。

现在，让我们重新聚焦于：如何将群体创意与众所周知且被人们已经深入研究过的精心策划的项目管理过程区分开来。我们不再从西方商业世界寻求更多的见解，而是转向非洲的新兴经济体，在那里，部落和家庭成员扩展的群体仍然掌控着个体的日常生活，展示了惊人的群体创造力。

4. 加纳的群创意

加纳不仅是联合国前秘书长科菲·安南的祖国，也是一个新兴的经济体，有一些激动人心的协同创新和学习的案例。科菲·安南管理培育和增强了192个存在利益分歧的联合国成员国之间的合作，显示了他作为一个酷耕耘者的天赋。但是，除安南外，在加纳还有许多其他的酷耕耘者（虽然没有科菲·安南那么著名），他们跨越了一些看似难以逾越的障碍，建立了自己的协同创新网络，协同学习网络和协同兴趣网络。

黑非洲的成功故事如今为数不多，加纳是其中之一，周边国家的腐败要猖獗得多。虽然加纳的政治面貌还远不够完善，但是这里的一切事务还是比诸如象牙海岸、布基纳法索、多哥、尼日利亚等邻国要好得多，其中部分原因是加纳有强烈的群体归属感。部落主义仍然是非洲的主要问题之一，大多数市民与他们国家的联系不强，而与他们的部落紧密相关。虽然加纳也由不同的部落组成，但加纳的居民比周边国家的居民更认同国民身份。

加纳是一个涌现群体创新榜样的非常好的实验温床，它通过自由市场把黑非洲的社区文化与强有力的措施相结合，成为非洲主要经济体之一。它提供了一个理想的实验环境，在这样的环境中，群体创新榜样更容易脱颖而出，远远超出在一个法律系统健全、更加成熟和稳定的运行良好的西方民主社会中出现的比例。在全球幸福指数排名中，加纳在黑非洲国家中排在前列，其公民个人幸福感相对较高。[8] 由此可见，加纳人一定是在做着一些正确的事情。

我到加纳，是为了将计算机从西方国家运送到发展中国家的学校。我在一个组织工作长达10年，这个组织负责收集瑞士的旧电脑，并把它们送到肯尼亚。最近，我把这个项目扩大到了加纳。就是在加纳，我无意中偶然发现，加纳的酷狩猎者和酷耕耘者堪称榜样，他们巧妙地利用其协同学习网络和协同兴趣网络让他们很酷的想法落地开花。这些榜样包括第一个加纳海滩度假胜地的成功创始人、加纳最大的网吧之一的创始人，以及在加纳中部农村建立了巨大的棕榈树种植园的一个真正的耕耘者。但在我们关注这些个体创造者和耕耘者之前，让我们先来看看不断发展的加纳群体创新环境。

阿克拉马科拉——最好的自组织市场

加纳的日常生活必需品交易，是一个有说服力的群体创造案例。虽然农村居民会通过自力更生来满足其基本需求，但当他们需要一些特别的东西时，会依靠群体来获取。在加纳，这些群体集中在马科拉市场（见图2-5）。

图2-5 充满生命力的马科拉市场。

（来源：http://www.villasinghaha.com/494.html）

虽然，在加纳首都阿克拉的西式超市，来自北半球的游客或外籍人几乎可以买到他们想要的任何东西，但这里不是加纳人购买食物和其他任何你所能想到的商品的地方。相反，他们会去马科拉市场，一个自组织和群体创造的地方。

二、群体创造力——酷耕耘的动力

马科拉市场不仅处于阿克拉的中心位置,而且也确实就是阿克拉的心脏。它坐落在阿克拉镇的中间,是 90% 的阿克拉人购买所有的日常生活品的地方。除了潜艇和航空母舰,很少有马科拉市场买不到的东西。这里充满生机,从外面看起来,它似乎嘈杂混乱;但是,就像几乎所有的加纳的东西一样,它是有规律的。它没有中央控制,每个商家由其主人自由运作。市场外缘的始端是一些老字号商店,临街铺面已被改造成柜台。市场的另一端,小商家在人行道铺的毯子上展示他们的产品。成堆的鞋子、新鲜和风干的鱼、活鸡,一排排蔬菜、水果,以及各种食物、课本、各种布料和纺织品、箱包,以及其他五花八门的各类商品,形成了一个不同颜色、气味、纹理的组合,游客一旦进入就被淹没了。

对于精通马科拉市场的采购者而言,它实际上是一个很容易定位的市场。在广大的区域里,不同类型的商品和杂货占有不同位置。蔬菜、水果、肉或鱼的销售商,或者旅行箱、衣服、鞋子,或教科书的销售商,都各有其预分的位置。例如,有一整段路摊位挨着摊位,只销售教科书。这个系统的优点是显而易见的。对于客户来说,他们如果正在寻找教科书,就可以直接前往那一排的摊位,每一个摊位都提供教科书。此外,因为教科书出版商也在争夺同样的顾客,每个摊位会保持低价格和特定价格的均衡。但是,该系统对出版商也有利,因为所有资源集中时,出版商能够给客户提供更广泛的选择,因此,来自全国各地的加纳人都会到马科拉市场购买学习用品。这使其成为能够在价格设置效率上与西方商场相媲美的销售系统。更妙的是,它没有中央调控,这是一个多好的群体力量的案例!

当我们的汽车在阿克拉郊外突然抛锚时,我自己有机会体验到了这个系统的效率。由于当时我们正在穿过加纳朝一个观光点前进,真的很不幸,我朋友的四轮驱动车在换挡时突然发生了故障,唯一正常的功能是倒车。幸运的是,发生地离我们原来一直住的地方不太远,所以,我们开始倒着驱车返回居住地!

接着,我朋友给她在加纳的一个朋友打电话寻求帮助。大约两小时后,她朋友来了，坐着高效公共交通系统的私人迷你巴士——trotro 小巴，带来了一个汽车修理工。很快，这个修理工确定了破裂的部分并将它拿出来。然后，他和我朋友的朋友坐着 trotro 离开了，他们乘车前往一个当地的市场，买了一个二手的零部件，把我们的车修理得暂时能走，不幸的是，零部件不是很配套，所以一直漏油。第二天，我们驱车前往马克拉的汽车零部件市场，试图找到一个合适的替代零部件。

在马克拉的主市场外面，有各种专业市场，销售很多特别的商品，比如，有一个卖二手汽车零件的巨大市场（见图2-6）。那里还有数以百计的小商贩，在自己的小摊位上展示他们的商品。展位由独立的商家经营，有一堆堆的配件，按照品牌或功能分类。有些摊位只销售旧零件，包括丰田、日产或大众汽车的零件，而有的展位只卖消音器或刹车片。这些配件是从旧汽车和汽车残骸中回收上来的。

图2-6　阿克拉的二手汽车零件市场

乍一看，可能会觉得同一类零部件的所有业务如果由一个积极的供应商承担似乎更好。但是，更深入地看，不同的供应商集中在一起经营绝对是有意义的，比如，如果一个技工在维修时要找到一个专门配件，在这样的市场他找到真正想要的配件的机会要更大些。那里甚至有专门的"搜寻者"，大多是十几岁的男孩，牢记着不同厂家旧零部件的销售地点，帮助汽车零件的潜在买家找到可能供应特定部件的卖家——他们是一种人类搜索引擎。

我们来到这个市场时，一个"搜寻者"男孩迅速带领我们找到了销售尼桑车零件的摊位。为了更好地解决我们的问题，销售商们开始闹哄哄地讨论解决故障的不同方案，最后，解决方案融合了集体智慧，确定了一个特定的部件，他们认为它能够最好地解决我们的问题。我们买到这个部件后，另外一个移动汽车修理工出现了。他爬到汽车下面，把新买的旧离合器拉线装了上去，收了很少的费用。我们高高兴兴地驱车离开了，再次确信了群体的力量。只是，这个故事还没完。原来这个部件只是暂时性地解决了我们的问题，离合器拉线仍然在漏油，我们不得不每跑一百公里就为离合器加油。

最后，我们别无选择，只能去一个阿克拉唯一被授权的东风日产经销商那里。修理店的技工登录在线数据库查看了我们车的品牌和型号，以确定我们的配件，他发现，我们的车是为欧洲生产的，而加纳的配件则来自日本本地生产的汽车。显然，两个车型之间存在一些细微的差别，而旧汽车配件市场的那个"搜寻者"男孩和一群汽车零部件销售商都没有注意到这一点，也有可能他们根本就缺乏这类知识。因此，在这种情况下，虽然群体暂时性地应付了故障，最终，还是依靠21世纪的互联网技术彻底解决了这个难题。这既需要群体成员的合作，也需要全球知识基础的支持。

换句话说，道理很简单：集中资源，一起完成工作，对供应商、经销商和客户都有好处。

群体创新：公共交通

加纳的公共交通系统是另一个很好的群体创新的案例。直到最近，加纳也没有"官方"的公交车系统，但是它有非正式的小巴士系统，叫"trotro"，运作得非常好。trotro网络覆盖全国，可以让旅客快速地到达加纳的任何地方，且价格便宜。我自己尝试了一下：搭乘trotro，重走之前我乘坐朋友的日产车走过的相同路线。trotro从安洛加与多哥海岸接壤的一个渔民镇子出发，回到阿克拉，花了不到4个小时，费用不到两美元——况且这个票价还可能是针对游客的价格，比对本地乘客收费要贵很多。我们自己驾车出行，从安洛加回到我朋友阿克拉的房子那里,至少需要6个小时。

最令我惊讶的是,trotro 的需求和供给调节系统运作得非常顺畅,因为每当人们在加纳寻找一个 trotro 时,似乎总可以找到至少一个或更多个,且随时可用。

在一个炎热潮湿的早晨,我和加纳的一个朋友去了阿克拉的"37"trotro 中心(如图2-7所示),以便更深入地了解该系统的运作情况。"37"trotro 中心有个巨大的围墙,里面的裸露地面尘土飞扬,挤满了人、小客车和出租车。就像蚂蚁在去蚁巢的路上来来往往一样,数百个 trotro 形成的车流不间断地驶入这个庞大的场地,而出口处,一样的车流倾泄般涌出。小客车似乎占据了这里了每一寸地方。未被 trotros 占据的地方挤满了小摊位,小贩们出售饮料、干果、糕点、太阳镜、报纸、手机卡,以及旅客可能需要的所有东西。除了大量的 trotro 及销售摊位之外,只剩一点空地,乘客都挤在那里。当 trotro 在跟前驶过时,不管它去哪里,乘客都准备随时跳上去。如果鸟瞰的话,整个车站看起来就像蚁丘,小客车、销售摊位、乘客都混乱不堪,没有一个可识别的模式。但是,trotro 的运作其实是基于一个高效率的系统。

图2-7 阿克拉的 trotro "37"中心

二、群体创造力——酷耕耘的动力

在一个潮湿闷热的星期四早晨，我跟 trotro 的司机及乘客们交谈，试图了解这个系统如何运作。了解越多，我的印象就越是深刻。有时，因为司机只说他们的母语阿坎语，所以我的加纳朋友必须要帮我翻译成英语。最后，我们被指引到一个坐在小屋里的"学者"跟前，这个小屋位于这块巨大场地的一个角落里。"学者"是一个长着一双聪明眼睛的瘦削老人，他用阿坎语解释了这个系统。作为"学者"，他是排序和分配小客车的协调员。所有的 trotro 都加入了工会，这意味着，每个 trotro 都必须选择和加入一个工会。与我们交谈的"学者"是一个管理人员，管理着从这里到特马地区的非常有利可图的路线。特马地区是仅次于阿克拉的第二大城市，加纳的工业中心。

每天早上，trotro 司机到他所在工会的"学者"那里报到，支付每日的费用，登记车牌号。然后，他的信息会被输入列表，并分到一条特马区域的路线。由于那里有利润丰厚和不太盈利的路线之分，每个工会被安排在不同车站的不同站点之间轮流更换。正如"学者"向我们解释的，在这个交替的时间表中，从当时开始 8 天以后，他的工会才会再次得到"37"车站的特马这个点。第二天，他将在另一个 trotro 站管理其他点的目的路线。

在"37"站的特马站点，写着目的地的木牌放在公交车顶上及仪表盘的后面。同时，司机或他们的助手正在不间断地大声吆喝着目的地，因为大量的乘客读不懂这个木牌标记。一旦公交车坐满了乘客，木牌标记就会被拿下，并被"学者"放到下一个车的内部或者顶上，这个车和前面一辆分配到的目的地一样。同时，装满乘客的那辆巴士驶出"37"站，进入由公交车、出租车、销售摊位和乘客组成的拥挤街道，在公交车刺耳的喇叭声和司机、街头摊贩的喊叫声中慢慢前行。

一旦行驶到公路上，trotro 司机会以令人害怕的鲁莽方式驾驶。因为时间就是金钱，他们要竭尽全力尽快到达目的地，这样就可以搭载下一拨乘客。如果有乘客在半路上下车，助手就会将其裸露的胳膊从乘客座位一侧的车窗伸出去摇晃，告诉那些在街道旁等待的人们：trotro 还有空席位。如果等候的乘客也招了手，trotro 就会停车并搭载他们。从外面看起来这个运作系统高度混乱，因为 trotro 司机一会儿像疯子一样驾驶，一会儿又停下来。但实际上，每个 trotro 都试图尽快到达目的地，同时又在寻找路上的新乘客。

总体而言，trotro 是一个覆盖加纳的非常有效的运输系统，它完全基于群体创新和自组织。一美元就可以轻松抵达阿克拉的任何地方，到达偏远乡镇也只需花费几美元。通过他们的工会组织，trotro 司机确信，在搭载乘客和获取最赚钱路线的机会方面，每一位驾驶者的待遇都公平合理。国家对其干预非常小，国家的主要职责是检查和保证车辆道路运行的安全性和保障司机的驾驶能力。这意味着，trotro 司机在一个投入产出比极高的系统中自组织和合作，无须外部控制，每一个司机都是他自己的老板，负责他自己的命运。

回到瑞士后，我听说我的一个加纳朋友刚遭遇了非常严重的车祸，当她坐着自己的轿车前往她经营的农场时，她的车与 trotro 相撞了。虽然她只受了轻伤，trotro 却已经面目全非，搭载的所有乘客都严重受伤。

如果每个 trotro 司机尽可能地开快车，以最大化他自己的收入的话，就成了这种自组织系统的一个缺陷。如果说为公众利益服务和最大化自己的利益之间存在一个平衡点的话，这位司机则过分地偏向了自己的收益，给自己和他的乘客造成了非常恶劣的后果。正如我们会重复提及的一样——如果你太过自私，群体创造力将会受到破坏。

加纳的经验教训对群创意的五个启示

在加纳，我经常发现，虽然有人试图尽力帮助我，但他们常常把好事做成了坏事，其中的原因他们自己也无法解释。有时，我们都不是很清楚对方的动机。在浪漫的阿克西姆海滩度假胜地的海滩餐厅，我们就体验了这样一个案例。

第一个启示：保持群内信息流动。在加纳，很难吃到冰淇淋。那里常常停电，经常一停就是半天，这使冰淇淋很难长时间保持冷冻状态。所以，当阿克西姆海滩酒店菜单中提供冰淇淋时，我们很惊喜，向服务员点了草莓巧克力口味的冰淇淋。当餐厅经理本人自豪地给我们送来草莓香草混合口味的冰激凌时，我们稍微感到了惊讶。我们告诉他，我们选择的是草莓巧克力口味，他深深地表达了歉意，并保证给我们原来选的口味。

我们看着他把草莓香草混合口味的冰淇淋送回了厨房。但几秒钟后，他回来了，更歉意地告诉我们，在加纳炎热的气候下，巧克力冰激凌已经融化了，只剩下草莓和香草口味的。厨师按自己的决定，以香草代替了巧克力，他认为这就是我们想要的。当然，厨师正确地猜到我们非常想吃冰凉的冰激凌——但没有把我们的要求告知餐厅经理，他没有询问我们的意见就做了改变。最后，我们很高兴地接受了一个新的香草草莓混合口味的冰激凌，但在一个冰淇淋如此稀有昂贵的国家里，浪费确实要付出高昂的代价。

第二个启示：尝试去理解群体的动机。在同一家餐厅里，我们经历了第二次沟通失灵和文化上的误会。有一天，我告诉服务员，我想要一份厨师沙拉，作为我和我的两个孩子的一个开胃菜，因为我们不太饿，我们三个人会共享一个沙拉，每人再加上一份菜，就是我们的午餐了。事实上，他给了我一大盘并堆得高高的沙拉，作为我们午餐的第一道菜。后来，当服务员收取双倍的沙拉价格时，就不那么令人愉快了——他解释说我要的是一个"大"沙拉，他声明他只是试图按照我的意愿来做，不理解我为什么拒绝支付双倍的价格。

第三个启示：你不能强迫人们成为群成员。我曾经带着孩子们去过阿克西姆小镇。阿克西姆是一个古老的城镇，有一个古老的奴隶城堡。我与孩子们先参观了这个城堡，然后在小镇四处散步，浏览街道两旁的一个个摊贩和一排排摊位。虽然我对熙来攘往的街道生活很着迷，但我惊讶地发现，我的孩子们并不喜欢这里五颜六色的风景。他们发现，街道和房子都非常脏，开放的排污运河散发着恶心的气味。一方面，孩子们是正确的：确实是处处尘土飞扬，因为大多数街道未铺砌砖石，运河也是臭的；另一方面，我发现这景色如此充满生机，以至于我看了很长的一段时间。孩子们可不这么想，他们步行10分钟后，从一个摊位买了一瓶冰镇可乐迅速喝掉，然后坚持乘坐出租车尽快返回酒店。

第四个启示：群体解决问题的方式是令人惊奇的。 海滨假期结束后，我们从阿克西姆驱车到了阿克拉。我们的朋友让一个司机开着日产车来海滨酒店接我们。驱车回去时，在加纳的旧都海岸角附近，司机突然把车停在了一个加油站，告诉我们，他注意到了一个奇怪的声音。我围着汽车走了一圈，看到其中一个轮胎瘪了。然而，加油站告诉我们，他们只能给汽车加油，不能更换备用轮胎。我们的司机没说什么就消失了，带着他的车钥匙。我们无能为力，只能在烈日下等待守护，因为我们的行李放在这没有上锁的汽车里。

15分钟后，司机回来了，带着一位穿着机械师工作服的魁梧的年轻男子，我们大大松了一口气。接着，这个年轻人找到了我们汽车的千斤顶，实践证明，它失灵了。然后，年轻人离开了。二十分钟后，他又回来了，带着一个旧千斤顶。10分钟后，备用轮胎安装完成，我们可以继续自己的行程了。启程后我问司机，是否有可能快速修好瘪掉的轮胎，他向我保证没有问题。几分钟后，他把车停在一个看起来像是一个小窝棚的地方，位置处于公路旁边的一个许多小集市聚集区的中间，小窝棚前堆着四个破轮胎。原来，窝棚里的瘦长结实的小个子经营瘪平轮胎修理业务，很繁忙。他使用最原始的工具，很快塞住了我们轮胎上的孔并把轮胎放在轮缘上。然后，用他唯一的复杂的精密设备——一个燃油压缩机，让我们的轮胎膨胀了起来。

第五个启示：与群体分享可能导致伤害。 当时，司机和我站在车外，等待我们的爆胎被修好，我的孩子们在车内吃着糖果。当孩子们看到车外几个当地小孩靠近时，就递给他们一些压缩包装的糖果。起初，当地小孩不知道如何处置这些包着闪闪发光的铝箔的小方块，但是，其中一人剥开了糖果，并把它放进了她的小嘴巴，绽开了笑容。然后，越来越多的当地孩子开始涌向我们的车子，甚至有一些青少年也加入其中。

我的孩子们忙着往车窗外扔糖果，但后来事情开始失控。成群的当地孩子变得气势汹汹，开始敲打车门，我开始担心我朋友的车。我拿着一袋糖果，然后慢慢地从车旁走开。紧接着，大概20个孩子组成的群体，从3岁到16岁，围绕在我周围。我给他们发糖的速度不够快，无法满足他们的要求，到处都是伸出的手，在我身上乱掏乱摸。这时，一些成年人也加入了。最后，一个高大的家伙，大概比我高半个头（我超过六英尺），从我的手里拽走了撕裂的袋子。剩下的糖果散落在地，群体开始争夺。30秒后，所有的糖果都被抢完了，再过几秒钟，群体解散，只有一些被丢弃的糖果纸被撒落在地上。

有时一个群体可能失去控制，特别是还没有建立群体共享协议的时候。

总体而言，加纳的日常生活对群体创造及其可行性方面给了我们一些重要的经验教训。介绍完非洲人最基本的群体创造，以及蜂群的酷耕耘之后，我们现在可以总结酷耕耘的要领了。

5. 酷耕耘和酷狩猎的要领

如果你想成为一个成功的酷耕耘者，需重点考虑几个方面。其诀窍是"做一只蜜蜂"，既做一个创作者（即领导），也作为一个协同创新网络的成员（即一个团队的成员）。表2-1概括了本章描述的酷耕耘过程。要成为新创意的缔造者，你必须吃大量的蜂王浆，也就是说，你要站在巨人的肩膀上，向别人学习。你也要散播很多的"女王信息素"，以标识你的群体并将你的想法与别人区分开来。你还要跳摇摆舞招募合适的具有内在驱动力的新候选人。你必须既是创造者又是协同创新网络成员，这点非常重要。在第一阶段，创造者是创新者，是愿景的"旗手"，这是协同创新网络共同推选出来的。在协同创新网络发展后，协同创新网络成员必须成为酷狩猎者，寻找新的协同创新网络成员，发现很酷的新创意，以进一步开发核心产品。

一旦协同创新网络开发出第一个产品原型，团队就需要在协同创新网络上展示给自己的朋友和家人看，形成一个协同学习网络，并尽可能地具有多样性，既充当一个反馈系统来收集信息完善产品，也作为病毒式营销的一个跳板。其目标是通过寻找外部有社会影响力的人，让这个共同体成长，直到它强大到胜任开拓自己的商业之路，然后为自己的产品寻找买家。主要的酷耕耘者告诉社区中的每个成员"产品里面有什么"，以使成员确信产品确实很

"酷"。然后，协同学习网络接受了协同创新网络的产品，拥有了它们，并将这种兴奋向外界传递，以形成"嗡嗡"声。最后，在协同学习网络成员的宣传和感染下，协作兴趣网络终于产生了。围绕 Linux 成长的协同创新网络表明，对每一个 Linux 用户而言，它确实有一些非常酷的东西——亦即，一个开源的操作系统。

表 2-1 酷耕耘的四个阶段

	创造者	协同创新网络	协同学习网络	协同兴趣网络
做一只蜜蜂	吃蜂王浆 标记你的群体信息素 摇摆舞	成为一个酷狩猎者 角色转换 添加正确的基因	建立社区 需要多样性	构建蜂巢
目标	群体领导者	成为团队的一员	找到有影响力的人	找到买家
任务	创新 建设愿景	合作 构建产品	沟通 形成"嗡嗡"声	建立市场
酷狩猎	领导者	建设者	有影响力的人	买家

表 2-1 中最下面一行表示，酷耕耘过程也可以用于酷狩猎，或发现下一个很酷的趋势。其诀窍是首先要找到创造者（群的领导者），然后找到协同创新网络（将要建立趋势的团队），其后是协同学习网络（提高的"嗡嗡"声的影响者），最后，是协同兴趣网络（很酷的新产品的购买者）。越早沿着酷耕耘的路径实施这一新兴模式，就可以越好地安排时间和计划自己的行动。

一个悬而未决的问题是，小企业是否可以运用酷耕耘并获取收益？或者说，这些方法是否仅仅适合超过 20 名员工的较大规模的组织？答案是，对任何规模的组织或工作酷耕耘都有效。如果团队少于 5 人，就需要搜索和酷狩猎——因为即使是较大的组织，也应该进一步发展和扩展他们的团队来发展潮流，潮流领导者也要加强其原来的团队。

本章中的示例均以群业务开始，迎合了一个新兴的对未来的商业模式没有一个清晰概念的群的需求。这些企业的创始人有一个梦想，他们毫不犹豫地让理想变为现实——尽管最初他们根本不知道如何能够收回自己的投资。然而，在最后，他们迎合了群的需求，将其变为一个巨大的成功。

接下来的四章详细介绍酷耕耘过程的四个步骤：创造者—协同创新网络—协同学习网络—协同兴趣网络。

三、创造者——设立愿景

有石可援，即冲天际。

协同创新网络的领导者不是传统意义上的领导人，不是帝王。他们并不能把所有事情都做到最好，不见得知道一切事情，也不需要知道一切。像蒂姆·伯纳斯·李（Web的创造者）、李纳斯·托瓦兹（Linux操作系统的创造者），以及罗伊·菲尔丁（Apache，非常流行的Web服务器软件的创始人）等人，完全不同于一般人。群成员们响应自己领袖的号召，因为他们分享共同的愿景。

在1991年的某个时刻，李纳斯·托瓦兹宣布了他的Linux，发出了下面一封电子邮件：[1]

发自：torvald@klaava.helsinki.fi（李纳斯·本尼迪克特·托瓦兹的邮箱）

发到：comp.os.minix（新闻组）

主题：你最想在Minix中看到什么？

摘要：给我的新操作系统投票

大家好！各位使用MINIX-的友人：

我正在写一个基于386（486）AT机器的（免费的）操作系统（只是出于喜好，不会做得像gnu那么大、那么专业）。我从4月份开始酝酿，到现在已经做得差不多了。现在我想了解你们对minix的一些反馈信息：它的优点和缺点在哪里？因为我的这个操作系统和minix有点儿相似（为了实用起见，文件系统采取同样的物理布局,其他方面也有相似之处)。

我已经把 bash (1.08) 和 gcc (1.40) 移植过来了,而且它们运行良好。这意味着,在今后的几个月里,我会给它添加更多实际的功能,所以我想知道大家盼望它有哪些功效。

欢迎多提建议,但我不敢保证能够实现。

如你所见,托瓦兹非正式地呼吁志同道合的人加入他的事业。但他的领导方式并不强硬。Linus 本人说:"我负担不起太多愚蠢的错误,因为人们看了会说,嘿,也许我们可以找到一些更好的……我除了知道自己在做的 Linux 这个概念以外,没有任何其他权力。"[2]

由于创新网络的特性,协同创新网络领导者是非常优柔寡断的。他的群成员这样评价托瓦兹:"通常情况下,当事情快要到混乱的边缘,他就会有意识地避免做出决定,让时间来驱散情绪。最终,一些显而易见的解决方案会脱颖而出,或者有些问题会慢慢消失。"[3] 协同创新网络领导者的一个非常重要的技能是:知道在什么状况下不要做任何事情,而只是让事情自己演进。在网络世界里,协同创新网络领导者努力使自己成为不必要的因素,他们不会假装在所有学科中自己是最好的。

一个协同创新网络领导者的权力是基于团队对他的尊重。托瓦兹说:"要诚实,人们对你的信任会让你成为很有权威的达人。拥有另一个人的信任,比所有其他管理技术加起来的力量更强大。我没有法律或明文规定的权力,只拥有人们的信任所带来的力量,但这是一种很大的权力。"[4] 关键的是,要诚信,要守信,并愿意毫无隐瞒地、诚实地沟通。

1. 协同创新网络领导者不是领导人

有时,我们在"财富"100 强公司中可以发现这种类型的领导人,他们领导的公司效益显著。为什么波音公司和宝洁公司比他们的同行更优秀?[5] 并不是因为他们发明了卓越的新产品,或者是因为他们有更多优秀的销售队伍,或者是因为他们更好地优化了供应链,而是因为他们以群体形式工作,每个蜜蜂共享"DNA"。也就是说,他们不仅拥有共同的目标和愿景,也有相似的工作风格。群协作从顶端——女王蜂开始,就像宝洁公司的雷富礼或波音公司的老总詹姆斯(吉姆)·迈克纳尼,他们是新领导模式的原型,有许多特征与李纳斯·托瓦兹那样的协同创新网络领袖一致。他们首先把自己定位为团队的建设者和酷耕耘者。这种风格与过去帝国式指挥和控制的老总模式非常不同。相反,它是一种"信任-放权"的领导风格,这样,一旦目标设定,团队成员大多是自己去达到目标。乘热气球环绕地球的第一人——伯特兰·皮卡德,把这种新型的领导者比喻成气球的驾驶员(图3-1)。这是一个很好的比喻,让我们仔细看看。

图3-1 一位协同创新网络领导者就像一个气球驾驶员

气球飞行时,驾驶员唯一可以控制的是开始的时间和气球的高度。在开始气球旅行之前,他可以查看天气预报,并寻找有利的天气条件和风向,以期把他带到期待的地方。他用这些方法避免了可预见的风暴或被雷电击中的危险。当然，这些预测达不到100%的准确，也会出乎预料地遇到不利天气。如果他突然遭遇了恶劣天气，风力开始带着他向错误的地方飞行，他唯一的选择就是改变气球的高度。通过减少压载或释放气球中的气体，他可以提高或降低他的飞行高度。他一旦开始了气球旅行，唯一可以做的也就是这些。

过去的领导人认为，自己是掌控赛车方向盘的司机，要控制团队或企业的各个方面，精确地设定速度，准确掌控着企业这辆"汽车"，开向他们认为该去的地方。协同创新网络创造者则大不相同。像气球驾驶员一样，他们设好基石和大的愿景，然后让协同创新网络成员接手。他们可以利用有利的气流来尝试设置一个航线，但是，一旦他们决定了一个高度，就只有依赖风了。他们唯一可做的事情就是调整高度来获取更有利的风力。为了更高，他们必须减少压载。但像气球驾驶员一样，他们不能这样做太多次，因为他们可扔掉的压载物非常有限。一旦扔掉了全部压载，如果他们还想升高，那他唯一能做的事情就是增加压力为气球加气。但是同样，他们也不能增加太多的压力，否则气球就会爆炸。另一方面，如果他们需要降低，以避开雷雨或捕捉更好的风，他们可以释放气球中的气体。但是他们同时必须小心，因为他们的气体供应非常有限。如果释放了过多的气体，他们将没有足够的气体来再次升高。

酷耕耘课堂：创造者必须能放权

气球驾驶员都知道，因为不能直接控制气球的方向，驾驶气球非常困难。但这正是协同创新网络领导者要做的事情，他们决定了一个过程，绘制了方向，召集了一个驾驶气球飞行的团队。但是，一旦气球起飞，他们就不可以再做太多了，只需要享受飞行。

2. 喂食"蜂王浆"

除了像气球驾驶员外,创造者也像蜜蜂,就像前面讨论的那样。为了扩大自己的蜂巢,年轻的蜜蜂首先必须食用蜂王浆,之后它们用蜂王浆育雏。一个年轻的蜜蜂吃蜂王浆的时间越久,它就越强。如果它吃蜂王浆超过两天,就会成为王后。它们是创造蜂巢的蜂后,创造者也吃蜂王浆。

创造者是很棒的知识消费者和分配者——知识是最终的"蜂王浆"。艾萨克·牛顿不仅给其他人喂食"蜂王浆",自己也胡吃海喝,他曾经说过一句著名的话,"如果我看得更远,那是因为我站在巨人的肩膀上"。在微软与Linux开源代码运动争斗时,微软的研究副总裁克雷格·蒙迪指责Linux剽窃和免费使用其他人的成果,李纳斯·托瓦兹写了一个电子邮件作为回应:"我想知道,蒙迪是否曾听说过艾萨克·牛顿爵士?他不仅仅因为建立了经典力学理论的基础而著名(最初的万有引力理论,即大多数人记得的苹果树的故事),他对自己贡献的评价也很出名:如果我能看得更远,那是因为我站在巨人的肩膀上……我宁愿听从牛顿,而不是蒙迪。他逝世已经大概300年了,但他带给这个世界的臭味要少一些。"[6]

创造者们不断学习和适应他人。有一次,李纳斯·托瓦兹表达得非常简洁:"只是因为你想要做一些新的不同的东西,就去创造一些全新的事物,在我看来是愚蠢和傲慢的。Linux正是因为没有像其他人那么做——把婴儿和洗澡水一起倒掉,才做出了伟大的事情。美国国立卫生研究院综合征(不是这里发明的)是一种疾病。"[7]

另一方面,托瓦兹并未有意识地与其他操作系统竞争,例如,Sun微系统的电脑供应商,有一个具有竞争力的Unix操作系统(OS),叫作Solaris,并决定将Solaris开源以建立一个公平的环境。在一次访问中,有人问托瓦兹他是否担心Solaris会取代Linux,以及他是否会尝试将许多Solaris的强大功能整合到Linux中。他的回答是,他不会看着其他操作系统,他有更好的事情要做。相反，他将等待比他更了解 Solaris 的人告诉他，他们希望将什么了不起的功能集成到下一个版本的 Linux 操作系统中。

> **酷耕耘课堂：创造者不断从他们所处的环境中学习**
>
> 这恰恰是生活在一个协同创新网络和协同兴趣网络生态系统的优势，学习网络过滤信息和知识，让协同创新网络领导者关注重点事务。像年轻的蜜蜂一样，创造者和协同创新网络成员被他们的群体喂食着"蜂王浆"（即重要的知识），消化和吸收被教授的知识，在这个过程中逐渐成形。他们从他们的精神祖先那里得到"蜂王浆"，并将自己的诠释和想法加入，就创造了新的想法和创意，然后产生一个新的群体。应用了该路径的协同创新者的案例比比皆是。蒂姆·伯纳斯·李从他的精神祖先——万尼瓦尔·布什（最先描述超链接概念）和特德·纳尔逊（创造了"超文本"这个词）那里获取想法。再看看史蒂夫·乔布斯等人，作为一个在硅谷高科技初创公司做技术零工的年轻人，在著名的帕洛阿尔托的施乐 PARC 研究实验室里看到早期版本的个人电脑、电脑鼠标、窗口系统。基于这种"蜂王浆"的输入，乔布斯和史蒂夫·沃兹尼亚克开始了苹果电脑的事业。

3. "女王信息素"——尼古拉斯·尼葛洛庞帝

尼古拉斯·尼葛洛庞帝（Nicholas Negroponte），MIT 媒体实验室的创始人和常任主席，是一个"跳摇摆舞"的高手，不仅自己食用"蜂王浆"，也馈送给其他成员。但是，保持群体的还有第二个要素——蜂王的"女王信息素"。正如我们在前面已经看到的，女王信息素让它的群体具有独特的气味，从而可以让蜂巢入口的守卫驱逐不属于该群的成员。就像蜂王一样，很酷的新趋势的创造者也要能够扩散"女王信息素"。

"女王信息素"是与众不同的东西，是不确定的，但是绝对必要，能带给群体一种特性。这种特性可以来自一个有魅力的领导者，也可以来自核心协同创新网络团队的集体智慧，或者是一些对群成员而言比较重要的外部象征。在大多数时间里，"女王信息素"是这三者的混合体。但最重要的一点是，它是领导者的行为。在这方面，尼古拉斯·尼葛洛庞帝是一个伟大的榜样，他首先是一个电脑和媒体的梦想家，他的推销天赋使他从一无所有到成功创立麻省理工学院媒体实验室，并在以后的十年里把它建设成为MIT最具创新精神、最知名的研究实验室。媒体实验室启动时，尼葛洛庞帝只拥有自己的愿景，他用了三个相互关联的环——被称为"牙环图"，来表明该实验室在计算机、广播和出版上的兴趣共同点。[8]

显然，成功的创造者需要很强的自信心并立足于现实。然而，在一次记者采访中，尼古拉斯·尼葛洛庞帝被问及他是否容易自大，他的回答是："不是。但我想做的事情是可以产生大规模影响力的。这就是媒体实验室为什么是这个样子的原因之一。我的狂妄自大不是以自我为中心，它是试图做大事情，因为如果它不是大事情，那它不值得花费你的时间。"[9]

对每一个协同创新网络的创造者来说其实都是这样子。无论是托马斯·阿尔瓦·爱迪生、蒂姆·伯纳斯·李、李纳斯·托瓦兹，或者尼古拉斯·尼葛洛庞帝，他们都试图改变世界。史蒂夫·乔布斯非常简洁地说明了这一点。1983年，他向当时的百事可乐总裁约翰·斯卡利提供苹果公司CEO的工作职位："你想用你的余生来卖糖水，还是希望有机会改变世界？"有了这个野心，创作者吸引新成员加入他们的协同创新网络的主要途径，即"女王信息素"。只有分享了他的视野，并连续地"跳摇摆舞"，尼古拉斯·尼葛洛庞帝才有可能建设媒体实验室。同时，他还需要说服主要的计算机科学教授，如人工智能（AI）的先驱马文·明斯基和西摩·帕尔特加入媒体实验室。很显然，他跳了一个惊人"摇摆舞"来释放"女王信息素"。作为他的协同创新网络——媒体实验室的领导者，尼葛洛庞帝的可达性是个传奇。他很少生气，有一次生气是因为媒体实验室的一个新员工告诉来电者，他暑期在希腊的家中度假。尼葛洛庞帝不度假，他只是换一个物理上的位置，人们总是可以通过网络联系到他。

三、创造者——设立愿景

最近,他已经把自己的才华应用到了新的领域,几乎以一人之力创造了 OLPC——人人电脑——目标是将一个便宜的笔记本电脑,送到世界上每一个孩子的手上,初步计划成本低于 100 美元。作为 OLPC 想法的创造者,他再一次运用他熟练地扩散"女王信息素"的能力。2005 年,他第一次宣布他的想法,要开发适合发展中国家儿童使用的笔记本电脑,要坚固耐用,而且价格便宜到这些国家的农村学校或赞助者都能买得起。当时,他受到了谴责,被认为是一个虚幻的梦想家,做的是不可能做到的事情。但是,不到 3 年,这样的笔记本电脑累计售出了超过售出 60 万台(到 2008 年 8 月),虽然它的生产成本在 \$130 到 \$150 之间。沿着这条思路,一种革新的显示器技术,以及一个基于 Linux 操作系统的新操作系统和一组面向学生的应用程序被开发出来。同时,OLPC 已经催生了一个超轻型和售价在 200 美元以下的便宜笔记本电脑的新产业。

2005 年,在达沃斯的世界经济论坛上,尼葛洛庞帝首次宣布了 OLPC。他不断地发出"嗡嗡"声,使得 OLPC 升温并保持着兴奋度,在媒体上发布事件时,常与杰出人物相关联,比如,联合国秘书长科菲·安南出席突尼斯联合国技术峰会。他在外出旅行时,总是会留下行踪轨迹——经常连接到网络,始终带着两台笔记本电脑。尼葛洛庞帝热爱工作,每周 7 天,每天 18 个小时都与工作一起生活和呼吸。对他而言,工作和生活之间没有界线,用他自己的话说,他是一个"煎蛋生活论"倡议者。[10] 有些人过着煮鸡蛋般的生活:他们会把蛋黄和蛋白清晰地分开,工作是蛋黄,生活是蛋白。但尼葛洛庞帝的生活显然是一个煎鸡蛋。

> **酷耕耘课堂:创造者从不会停止他的使命**
>
> 尼葛洛庞帝的人生轨迹是由充满使命感的事业组成的。目前,他的事业是 OLPC,并对其灌注了令人难以置信的热情。他会在任何时间、任何地方,向任何愿意倾听的人展示自己对事业的热爱,并宣称:"毫无疑问,对我来说,这是最重要的项目,我会把剩下的生命都用来完成它。"[11]

4. 酷耕耘者必须是酷狩猎者

为了让自己很酷的想法得到发展，酷耕耘者还必须是酷狩猎者，不断地发现新创意，以扩展其最初的设想，并努力寻找、招募很酷的新人加入。在不断扩散他对OLPC的热情的同时，尼古拉斯·尼葛洛庞帝也是优秀人才和新创意的酷狩猎者，他招募了麻省理工学院媒体实验室的高级研究员沃尔特·本德尔，开发了OLPC使用的全新操作系统Sugar，以及OLPC的第一任首席技术总监玛丽·娄杰布森，他还为OLPC发明了一种全新的显示器。这两个创新：基于Linux的开源操作系统Sugar，拥有面向儿童的友好的用户界面（发明者称它为桌面环境）。而且，新显示器生产成本更低、运行消耗能源更小，并且，即使在明亮的阳光下也可以读取显示内容。这些都是热情的协同创新网络成员在有限的经费支持下发明的。

马克·亨特也被称为"眼镜蛇"，是另一个完全不同类型的酷狩猎者。这个年轻人很快获得了引导时尚的声誉，成为晚会现场的潮流领导者。不到20岁的时候，马克就开始潜入洛杉矶的时尚晚会，拿着一台数码相机，抓拍诸如帕丽斯·希尔顿和妮基·希尔等人的照片，每天晚上他都会把这些照片发布在自己的网站上。任何人想了解洛杉矶和纽约晚会现场的时尚潮流，都要去看亨特的照片博客，别无他选。他发现酷人的能力，以及给这些人拍照的天赋相当惊人，这使得他的网站——thecobrasnake.com——成为晚会图片网站的基石。同时，亨特已经因其网站的声望而开始赚钱，销售一个T恤系列。他出席各类晚会不必再用潜入的方式，相反，他成了洛杉矶各种晚会，以及纽约、伦敦、东京和巴黎等时尚"麦加"的指定拍照人员，并可以获取酬劳。

那么，他为什么会如此成功？《洛杉矶时报》一篇关于他的文章这样说："亨特所做的只是晚上外出，给吸引了他眼球的人拍照，然后把照片发布在自己的网站上。"[12] 亨特自己也承认，他外表上不引人注目，看起来甚至有些愚蠢，但他可能是洛杉矶最时髦的人。

三、创造者——设立愿景

他之所以成功的最简单原因是，他是一个很好的酷耕耘者。他的东西是免费的，更准确地说，他在晚会上拍了不计其数的年轻人的照片，并在他的网站上免费发布。别人很容易可以链接到他的照片，打印出来，或用于其他用途。女孩把从他网站上下载的照片拿给美发师看，以得到一个特定款式的发型；时装设计师使用他的照片来做自己的服装广告；孩子们利用它们获取灵感，来确定自己的服饰打扮。对这个"眼镜蛇"来说，免费开放其原创产品其实是挺棒的选择。

亨特的知名度一方面来自他的摄影师天赋，另一方面也在于他的持久性。作为一个摄影师，他发现了一种从独特的角度拍照的风格，这种风格我们以前从来没有见过，它以一种全新的视角把人物（通常是名人）展现出来。像尼古拉斯·尼葛洛庞帝一样，亨特不是在完成一项工作，而是在履行一个使命——疯狂地拍摄照片。他到一个晚会就开始不断地拍照，以免错过任何一个独特的瞬间。就这样，他成了世界最杰出的拍客之一。

亨特也想让我们——他的观众或拍照目标，看起来很酷。据《洛杉矶时报》报道，亨特曾经提出："人们试图让自己看起来很酷是有原因的，目的是为了引起人们的注意。那么，既然人们为其外表付出了这么大的努力，就应该从中得到更多。"这就意味着，他正试图使他拍摄的人物看起来很酷，或忧郁，或离谱，或美丽。从某种意义上说，亨特是时尚的仲裁者，他拍照的对象都是非常有吸引力的，或是极不吸引人注意的，或是打扮得非常漂亮的。当问及他为什么这样做时，他说："我想与他人有很好的共鸣。我奉献出了足够的无私的爱，也希望最终得到回报。"像所有成功的酷狩猎者和酷耕耘者一样，亨特对待生活也是一个非常积极的态度，用他自己的话说："我们所处的时代是如此令人兴奋，她给了我们太多的创意空间。"[13]

作为酷耕耘者，亨特还有其他方面的才华。2005年他发现了科里·肯尼迪，让她做自己的实习生。从那时起，科里成了一个时髦的社交常客，表现得甚至比马克·亨特本人还要出色得多。截至2008年8月21日，科里的维基百科条目达到44条，相比之下，马克只有5条。

马克最先发现科里是在一场摇滚音乐会上,他什么也没做,只是给她拍照,就像他以前数百次做的一样。他把她的照片上传到自己的网站,并马上意识到了她的吸引力,就给了她一个无薪实习的机会。在随后的几个月内,他给科里抓拍了更多照片,把她变成了一个时尚网络名人。从挪威到日本,人们无时无刻不关注着她的行动,使用她的资料,模仿她独特的服装风格,并访问她的网站。科里名声大振,因为关注马克·亨特的人也开始关注她。很快大家清楚地发现,科里稚气的脸庞和挂满全身的洛杉矶时髦配饰,具有独特的吸引力。

马克发现科里的图片有助于吸引更多的游客访问他的网站后,便马上开始给她拍更多的照片,并在她网站的显著位置展示他最喜欢的主题。就像一个博客说的那样:"我不能把我的眼睛从她身上移开,她身上的一些东西令我着迷。"[14] 马克发现,每当他发布一张科里的新图片,他的时尚社区网站的页面点击率就会飙升。借助与时尚模特圈建立的联系,他开始将科里打造为模特,他知道,做她的网络代理人和摄影师,也将增加他在这个领域的地位。在马克为一本时尚杂志 Nylon 完成了第一组的模特拍摄后,科里在街上开始被人们认出来,她明星般的地位直线上升,现实的模特工作与互联网展示彼此加强。不到 16 岁的科里在俱乐部和晚会上的出场费达到每晚 $100。帕丽斯·希尔顿和林赛·罗涵邀请她作为特邀嘉宾出席他们的晚会。如今,科里作为一个时装模特和有潜力的女演员的职业生涯似乎不可阻挡。她的 MySpace 页面中的朋友超过了一百万。

另一个既是酷耕耘者同时又是一个一流的酷狩猎者的案例是奥普拉·温

> **酷耕耘课堂:一个成功的酷耕耘者也必须是一个酷狩猎者**
>
> 事实证明,酷耕耘者马克·亨特和科里·肯尼迪之间的这种共生关系对他们两个人都非常有益。马克把科里变成名人,同时也大大增加了他作为一个摄影师和明星推手的地位。双方都做了很好的酷耕耘。

弗瑞。作为一个伟大天才的发现者和培养者,脱口秀主持人奥普拉成了美国最富有的人之一。她寻找一些好书入选她的读书俱乐部,如果哪本书能有幸进入她的俱乐部,这本书无论作者是谁,其销量不可避免地就会爆炸。但是,之所以有这样的效应的唯一原因是,她绝对不是在销售这位作者的书籍,她没有从书本上获利。她唯一的目标是为了这个读书俱乐部——让百万美国人读一本好书,而不是懒散地在电视机前观看足球比赛或者肥皂剧——是让社会变得更美好的利他主义目标。

5. 领导者是如何被选中的?

现在我们知道,优秀的酷耕耘者同时也是很棒的狩猎者。问题是:谁是酷狩猎群的领导者?谁在酷耕耘他们?李纳斯·托瓦兹提供了一个很好的说明,关于 Linux 如何选择核心团队的其他领导者,他在接受记者采访时如此描述:"……副手被选出来了。不是我或任何其他领导者选择他们的,程序员们都非常善于选择领导者。没有任何程序来选举一个领导者,但是,如果一个人能把事情完成好,人缘也好,并具有良好的素质——人们就会开始向他

> **酷耕耘课堂:协同创新网络领导者是群成员选出来的**
>
> 那么,不是领导者选择跟他一起工作的人,而是群成员选择谁最适合做他们的领导者,他们基于领导者的技能和个性做出自己的选择。人们根据领导者的声誉,他们的女王信息素,选择与什么人在一起合作。他们因领导者的目标而骄傲,而且,最重要的是,他们自己也为此目标而工作。人们和尼古拉斯·尼葛洛庞帝一起为 OLPC 工作,和李纳斯·托瓦兹一起为 Linux 工作,并与蒂姆·伯纳斯·李一起为网络工作,人们选择与他们合作是因为他们相信领导者的目标和愿景,他们也相信这个领导者可以把他们带到那里,每一个协同创新网络成员既是酷耕耘者也是酷狩猎者,他们不断寻找有很酷的想法和人员。

们发送建议和更新的软件。我没有设计这样的方式,之所以如此的原因是,这本来就是人们工作的自然方式。"[15]

要成为一个创造者,还有其他一些实实在在的事情可以做,而且每一件都是有难度的,但是,把它们综合起来就构成了一个成功创造者的关键因素。为了更好地理解它们,我们再到加纳旅行一次,看看那些惊人的酷耕耘者如何在那里——非洲的中部,克服种种困难并获得成功。

6. 酷耕耘游客——让你自己沉浸到群体里

我是在阿克西姆的海边度假胜地(见图3-2)遇到了乔纳斯,它在加纳海岸的西部,靠近象牙海岸边界。乔纳斯——度假胜地的店主,给我讲述了自己的令人难以置信的故事。

图3-2 阿克西姆的海边度假胜地

乔纳斯在21岁开始周游世界时,第一次对旅游业有了感受。在加纳和英国度过童年后,他作为一个背包客在亚洲旅行,游览了中国,泰国和香港。他入住香港的一家青年旅馆时,花光了钱。他要求旅馆老板赊账给他,结果老板给了他一份工作，让他在第二家旅馆分店值夜班。乔纳斯非常喜欢这个工作，以至于他决定回到他的祖国加纳进入旅游业。在这次东南亚之行中，他也遇见了自己未来的德国妻子，坠入爱河使他在德国走了多年的弯路。但三年后，他与一位德国朋友一起，游遍了加纳的所有地方，寻找最美丽的地方来开设一个酒店。发现阿克西姆海滩后，他们立刻就爱上了这个地方，并带着三瓶烈酒拜访了当地的酋长。酋长了解了他们的想法后表示支持，并允许他们拥有了这块土地。这两个旅游家要做的第一件事是建立一条通往海滩的道路，还要把土地上的许多蛇清理出去，在那之前，蛇一直是这里的主要居民。在接下来的19年里，乔纳斯和他的同伴们建起了十几个小村舍，他们称为"小屋"，以本地的样式修建，为这个需要养活很多人口且就业机会非常少的国家提供了约40个工作岗位。

我第一次见到乔纳斯，是在一个有风的傍晚，我和孩子们坐在海滨度假胜地的餐厅，享受着一种很好的鱼粉。鱼粉很快就凉了，因为海风是如此强烈。突然，有人问我，他是否可以为我降低风帘，然后迅速放下了一些风帘。当服务员疾步上前帮助他时，我才又一次注意到这个人。很显然，他很关心来此度假的人。我与他经过短暂的交谈后，得知他就是这个美丽度假酒店的老板。他的整个酒店就坐落在一个浪漫的小山上，俯瞰着加纳的大西洋海岸。

作为乔纳斯小屋的一位客人，我很惊讶地发现，这里的淋浴确实供应热水，小屋均配有空调，全天候供电，所有的细节都很好，菜单上绝大部分品种确实都能提供。最重要的是，为了保证淋浴热水供应，乔纳斯进口了太阳能热水器。他还为经营一个网吧建立了一个卫星天线系统，因为他自己就是一个狂热的互联网使用者。

在餐厅里，乔纳斯陪着我一边品尝着啤酒，一边给我解释他的理念。"一开始还是不容易的，"他说，"当地人曾传言，我们杀害了一个工人，并埋在小屋后面。幸运的是，我们与当地人的关系现在完全改观了，我们支持当地建设医院、小学和中学，还资助阿克西姆主要街道配备路灯。现在，我们与当地社区的关系非常好。在旅游部门，我们是公认的主要雇主之一。"他的小屋都是采用当地的建筑技术，用土坯砖和壤土修建。乔纳斯还引进了德国的先进壤土建设技术，连同自己的见解，一起应用到小屋建设，以改善当地的建筑设计技术。

乔纳斯是一个成功的酷耕耘者。在早期，他决定首先满足背包客和个人游客的需求，他们喜欢原住民的安静风格。乔纳斯自己就是亚洲背包客群体的一分子，他非常理解自己的目标群体，能够保证酒店设计满足他们的口味，而且，与自己的喜好相一致。他使用了一些简单的设计和施工技术，但与当地建筑相比，在功能上丝毫不遑多让。这样做的效果也是惊人的：这些小屋和餐厅，甚至所提供的雨伞细节，都呈现出当地的风格，而且材料更加耐用，电力供应也得到了保证。

作为一名曾经的背包客，乔纳斯不断汲取背包客群体的建议。他知道这个群体对价格很敏感，但同时又希望酒店设备齐全并运作良好。因此，他的小屋并不花哨，但都非常坚固，配备了卫星电视和浴室，包括热水淋浴——这在加纳是很特别的。最初，乔纳斯并没有给小屋装备空调，但他的客户——大多是在加纳的西方外籍人士——告诉他，如果小屋凉快些的话，他们愿意多付些房费，乔纳斯非常高兴地接受了这一建议。我上次在那里旅行时发现，所有的小屋都有空调。虽然乔纳斯将住宿单价提高了 5 美元，但等我到那里时，所有的小屋都告客满。

乔纳斯不仅让自己融入游客群里，也融入到自己的员工群里。他还把自己当作游客住进自己的酒店小屋，在酒店餐厅用餐，并利用每个机会与客人沟通交流。另一方面，他利用一切机会与员工一起工作。在德国，他变成了一名建筑工人，所以，他能作为一名工人参加小屋建设。他的原则是：要了解酒店的所有任务和活动，包括品尝菜谱上的每款菜肴。当我告诉他，我的孩子确实不喜欢他的厨师做的比萨饼时，他告诉我，他已经注意到了类似的事情，并说他已经安排德国专业的比萨饼师来培训他的厨师，以做出真正的比萨面团。他还培训他的员工学会坚持询问客人的反馈意见，每次我一进办公室，那里的工作人员就如何提高我的度假体验而询问我的意见。

同时，乔纳斯也与群体进行分享。他告诉我，他付给员工的报酬非常可观，这使得他可以从来自阿克拉的受过良好训练的群体中挑选员工。他为员工提供了不错的住宿设施，事实上，由于职工住房品质如此之高，以至于在酒店小屋客满的时候，空置的职员住房会作为备用客房提供给客人。这与加纳的其他酒店正好相反，他们的员工都住在酒店外的贫民窟。乔纳斯与阿克西姆当地的社区也相处融洽，他是当地建筑工人的一个大雇主，因为他不断翻新和扩展他的小屋。作为学校课本的捐助者和慈善家，他也是当地教育界的知名人物。他还利用自己的技术专长给当地医院提供互联网方面的帮助，并给阿克西姆市中心街道装备照明设施。

在由厨师、佣人和男仆组成的群体中，乔纳斯作为蜂王，部分收益来自其群体成员，但更多的收益来自其自身。在很长一段时间里，乔纳斯同时做两份工作，一边管理着他的度假酒店，一边抽出部分时间到德国做建筑工人，为他的度假胜地建设筹集资金。我最近见到他时，他终于放弃了国外的工作，将全部精力投入到度假胜地的改进事务上。与加纳其他许多酒店严重缺乏客户服务相比，他的员工很有礼貌，专注于满足我所有的期望。乔纳斯告诉我，当年他推出了年度雇员称号评比，第一年评出的年度雇员是一个酒店男孩，他的任务包括用一把弯刀手工修剪草坪，帮助客人把行李箱搬到客房。

当然，员工们也知道，如果他们不执行任务的话乔纳斯会紧紧地盯着他们。因为乔纳斯是一个完美主义者，他要做加纳最好的两星级旅馆，而不是又一个三星级或四星级酒店。他想让客人感受到小屋真诚地欢迎他们：小花朵儿随意地散落在卧室和浴室的地上、桌子上；床单不仅折叠方正，而且整齐排列像一小件艺术品，再加上几朵漂亮的花饰。浴室墙壁上贴着用真正的蛤壳拼成的精美图案。因为加纳到处都是红色灰尘，因此乔纳斯长期雇用了一些建筑工人，负责小屋的日常修整和重建，保证它们看上去令人耳目一新。

乔纳斯具有革新传统的智慧，常常创新经营思路，他在远离阿克拉市中心的地方设立了首个网吧。他对可持续能源的关注也比加纳其他地区超前。在加纳，环境和绿色技术在新兴经济中并未普及，据说要用核电来补充沃尔电厂供电的缺口。然而，乔纳斯除了安装太阳能热水器外，还装备了第一个地热空调小屋，从地球深处获取能源，设备是他从德国进口的。

> **酷耕耘课堂：创造者融入他们的群体里面**
>
> 将自己融入不同的群体——从最初作为一个背包客周游世界，到后来成为旅游群体和他自己的度假村的工作群体的一员，乔纳斯是一个栩栩如生的成功案例。因拥有最有名的海滩度假胜地之一，他早已名扬世界。

7. 酷耕耘一个棕榈树种植园——给社区赋权

我还想介绍另一个著名的酷耕耘者——夸梅。夸梅带着自己在瑞士做工十年所挣的积蓄回到加纳，开始建立一个油棕榈树种植园，我遇到他时，他已经做了四年。在约100公顷的土地上，他种植了19000株棕榈树，还修建了猪舍、鸭池塘、羊棚、鸡棚等作为补充。当然，他不能凭自己一个人完成所有工作，需要雇用大量劳力。其中，劳动力最密集的工作是种植棕榈树苗，并照料其生长。最初，他雇用了一些人照料猪、山羊和鸭子外，还从附近村庄雇用了25名工人专门照顾树苗，其任务是给新树苗施肥、清除周围的杂草、驱赶一些以树苗为食的害虫和啮齿树木的动物等。

种植园开始运作第一个月的最后一个工作日，夸梅以现金形式给每个工人支付了议定的月薪，这是加纳的习俗。在接下来的工作日里，让他惊讶的事情发生了，25名工人中，只有4个正常上班。而其他人说，这个月不想工作了，因为他们现在有了足够的钱来应付下个月的生活，也许，过一两个月之后，当这些人再需要钱时，他们可能再回到农场。当然，这种情况很不好，如果新栽的棕榈树连续一两个月都无人照料，就会杂草丛生，并被昆虫和啮齿动物啃净吃光。

为了解决这个问题，夸梅想出了一个绝妙的办法。他决定不再雇用专门的工人，而是把这个工作委托给整个社区。他不按照出工天数支付工资，而是按照任务完成情况支付报酬。在我参观的时候，他已经聘请了一个村庄为600棵棕榈树除草。他与村里的长老们谈判，确定完成这个任务的酬劳，从现在开始，由村民自己来确保完成工作。社区需要报酬来安装电力设施。如果一个懒惰的村民没有工作，社区将予以强制罚款。在我访问农场期间，村民小组努力工作，他们用弯刀为600棵棕榈树铲除杂草。夸梅告诉我，他与其他村庄也签订了类似协议，为他所有的19000棵树木除草。

酷耕耘课堂：创造者授权给社区

夸梅放权给社区，让工人自己管理自己，保证棕榈树得到必要的照顾。以自组织的社区形式克服了村民特有的雇佣心态。夸梅不是通过雇用工人，而是通过释放群体的力量，解决油棕榈树的照料问题。要获得权利，就需要先放权给别人。

---

8. 在加纳经营一个网吧——用群的力量来监管群

在一次前往加纳阿克拉的飞行途中，我与邻座（汤姆）探讨了一些话题。当我告诉他自己试图为加纳海岸渔村的一所学校建立一个网吧时，他告诉我，他正在经营加纳最大的网吧。

第二天早上，我们就去看了这个新朋友的网吧。汤姆的网吧位于一个繁华的阿克拉商务区，里面有一个配备了50台电脑的大房间。房间后面有一个打印复印中心，以及可以出租的举行视频会议的私密独立房间。在这个建筑的外面，一个大型发电机发出嗡嗡的轰鸣声，因为在加纳，公共电网非常不稳定。作为一个优秀的商人，汤姆还在外面摆了一些椅子和桌子售卖冰淇淋，给自己稳定的能源系统开辟了第二个用途——为冰箱持续供电。在我们短暂访问期间，计算机房间里外的椅子至少坐满了三分之二的人。在加纳，互联网和冰淇淋似乎已稳稳获取了一席之地。

后来，我们还谈论了其他一些议题。汤姆给我讲述了他如何管理网吧的一些故事，这些故事再一次说明了群体创造力如何加强了合作创新。

他第一次从美国到加纳时，计划经营一个企业，并雇了一个出租车司机带他四处寻找商业机会。虽然他没有找到想象中的机会，却与他的出租车司机建立了友谊。最后，汤姆、出租车司机和他的一个朋友决定开一家网吧。现在，汤姆的网吧蓬勃发展，雇员多达25人，每天营业24小时，每周7天，员工需要三班倒。他的雇员文化水平相当高，甚至能够开发具有自主知识产权的网吧管理软件。在这个基础设施故障频发的国家，这个网吧因其良好的可用性和可靠性而获得了良好的声誉。网吧配备了最新的计算机硬件，而不是西方捐赠的二手电脑，接入了高速宽带，深受当地企业和游客的喜爱。

汤姆知道，要成为群体的一部分，就需要与群体共享。星期六，网吧向本地中学生免费开放。汤姆与当地一所大学的计算机科学专业教授合作，给孩子们提供培训，网吧提供基础设施，大学提供教师。每个星期六早晨，大学计算机科学专业的学生过来给孩子们讲授电脑基础知识。当然，这是一种"给予和获取"的投资，因为其中一些孩子可能会成为回头客，甚至将来有可能成为潜在的员工。

群体的力量可以用来监管群体，并驱逐"寄生虫"。

虽然网吧经营得很不错，大部分时间都座无虚席，但汤姆开始注意到，网吧的收入却在下降。汤姆怀疑有人违规操作，他必须借助群体的力量来去掉这个烂苹果。

一天，现金收入似乎又减少了。他假设是员工盗窃，开始进行调查。为了发现隐藏的罪魁祸首，汤姆决定利用Web技术。他让技术人员安装了一个网络摄像头和一个活动传感器，重点关注收银台，来抓获小偷。结果发现，钱是被一个值班经理偷走的，录像中，他把手伸向收银机，在安静的夜里拿走了为数不少的现金。值得注意的是，安装摄像机的技术人员并没有为他的同事掩盖罪状。在这种情况下，蜜蜂和蜂王站在了一起，与蜂巢里的其他蜜蜂一起保卫了蜂巢。当然，蜜蜂的逻辑是非常合情合理的，因为有偷窃行为的雇员不是一只蜜蜂，而是一个偷蜂蜜的寄生虫。正如我们所知，在某些时候，懒惰者会被踢出群。

汤姆还给我讲述了另一件事，在这次事件中蜜蜂再次与女王站在了一起。网吧有个肢体残障的经理，每天早上必须打出租车来上班，由公司支付车费。托尼极为震惊地发现，这个人通过预借大笔现金严重挪用了公司资金。起初他不知道该怎么做。这个挪用资金的人是酒店最资深的员工之一，早已赢得了汤姆的完全信任。因为咖啡馆经济收入很好，汤姆曾计划当年给所有员工发年终奖金，现在这个年终奖有点危险了。于是，汤姆召集了一次全体员工会议。在这次会议上，挪用资金的男子行事反叛，显然想要在其他员工中种下反抗汤姆的种子，这使得事情变得糟糕起来。

最后，汤姆决定利用群的力量，让群体来对付这个寄生虫。他告诉员工，他们所期望的、公司计划好的奖金很有可能得不到了，因为一名雇员已经从每月的营业收入中给自己提前挪用了大量现金，使得酒店拿不出钱来发年终奖。这一点就足够让其他员工将矛头指向了挪用现金的经理，站在了汤姆一边，并要求经理返还现金。虽然汤姆并没有要回多少钱，但是这笔钱的使用已经很值了——它换回了群体的善意、忠诚和合作。通过透明的经营运作，汤姆和员工一起分享财务数据，明确地让所有员工知道一个坏苹果的行动意味着他们可能得不到奖金。这也意味着，"小偷"反抗汤姆的计划没有取得一点儿成功。

酷耕耘课堂：创造者与群一起分享

上述两个案例，一个涉及雇员从收银机里偷钱，另一个是高级经理挪用资金，汤姆通过收益分享计划实现了群体监管群体。星期六早上他还为当地的学生提供免费上网培训，这也是与群体分享。由此，他在员工中获得了信任，在当地社区获得了声誉。

9. 创造者的七个要领

基于加纳酷耕耘的经验教训，下面给酷耕耘者提供一些可以考虑使用的准则。虽然它们不是扩散女王信息素和喂食蜂王浆的唯一配方，但对获取群体的信任肯定是有帮助的。

（1）选择你的群。决定谁会是你超酷创意的目标客户群，因为并不是所有的人都在寻找这个很酷的想法。前述的背包客——加纳的旅游企业家乔纳斯，按照经验决定自己主要满足他最熟悉的背包客群体的需求，同时，他还在阿克西姆的旅馆建立了一个网吧，主要为游客服务。汤姆经营的业务显然与其不同，汤姆成立网吧是为了迎合加纳当地商业社区对互联网的需求。

（2）倾听群。根据目标群体的需求和愿望来制订你的愿景和产品服务。度假村的拥有者乔纳斯，不断听取和满足他的客户的意愿，正如前面案例中提到的，我在他的户外餐厅就餐时，他在风变大时还亲自降低我的餐桌旁边的风帘。

（3）让自己融入群体。乔纳斯与酒店的所有工作都做到了无缝衔接：他会在客房里工作、帮助他的工人建造新旅馆、在厨房和接待处工作。成功的酷耕耘者夸梅也是如此，在我最后一次访问他时，他正在与他的工人一起用弯刀给棕榈树除草。

（4）与群分享。把你从群体工作中获取的利润反馈给群体，与所有群成员一起分享名誉、荣耀和利润。同样重要的是，给值得信任的人以足够的信任！在加纳网吧，有计划地反抗老板汤姆的经理很少，因为其他员工忠诚于汤姆，他们都参加了网吧利润收入分享计划。在乔纳斯的度假胜地，我自己体验了一次极好的服务，那个被公认最有价值的年度雇员把我的行李拿到了客房。

（5）以身作则或亲力示范。这是对他人影响最大的方式。在棕榈树农场，酷耕耘者夸梅是早晨第一个开始工作的人，他住在一个新建成的尚未安装自来水和电力的农舍，以热水、奶粉、糖就着玉米片为主要食物。作为一个来自城市的孩子，他向聘请的兽医学习养猪技术，向当地农民学习给棕榈树除草。

（6）做一个完美主义者。根据亚里士多德的伦理学原则，"鞋匠应该用他现有的皮革尽可能努力地做出一双最好的鞋"，乔纳斯选择了做最好的两星级旅馆，而不是三星级酒店。他要求员工在浴室桌子上放置小花，把床单折叠成小件艺术品。这样一来，他给客人提供了一种独特的感受。第二次访问时我做了一个非正式的民意调查，发现这个客满的度假胜地的大部分客人都是回头客。

（7）别怕不同的意见。成功的酷耕耘者常常突破传统模式。乔纳斯用可持续的太阳能给客人提供热水。夸梅在一个以大米、鱼、羊和鸡作为主要饮食的国度投资生猪养殖。网吧老板汤姆投资高速卫星宽带设备和最新的电脑硬件，而他的竞争对手则依靠不稳定的拨号连接和二手电脑。所有这些酷耕耘者都以辉煌的成果挑战了传统智慧。

接下来的章节将探索下一阶段：愿景相同的一组人相互找到对方。团队走到一起形成了一个协同创新网络——将创造者的创意变成真正的产品。

四、协同创新网络：构建产品

它摇晃，但不沉。

一个协同创新网络的成员被内在动机驱动达到共同的目标，比如研发一种新的轻型山地自行车或是开发一个新版本的开源计算机程序。他们自己决定何时要做什么，因为他们对愿景、目标，以及协同努力的结果充满热情，而不是因为被命令或获得报酬才这么做。

在一个协同创新网络中，人们像群一样思考。他们互相交流沟通自己的想法和意见，然后一起辨别对错。他们自己为自己制定规则，而不会遵守一些应该做或不应该做的旧规惯例。由于协同创新网络自身的知识和技能会成长，每个成员的技能、知识和成熟度也会增加。个人的成功是通过协同创新网络的成功来实现的，因为协同创新网络的目标就是每个成员的目标。

一个协同创新网络专家集体合作而成的团体，其智慧大大超过各个专家个体的智力总和。多数专家认为，他们知道各自专业领域的答案，然而，这并不一定是真的。每位专家往往是仅仅知道部分答案，一个人的解决方案可能解决了过去的问题，但并不意味着没有更好的方法来解决同样的问题。只有创造性结合的多位专家的解决方案，驱使他人测试不同的理论和方法，我们才可以得到最好的答案。我们的想法就是试着去获取不同专家的意见，并且最好让你们的专家接受他们同事的不同建议。

为了更好地理解协同创新网络可以实现重要的事情，让我们来看看一个了不起的男子开始的一个协同创新网络。

> **酷耕耘课堂：协同创新网络开发出颠覆性的创新**
>
> 思维通常与老派的公司不同。传统企业不喜欢颠覆性的变化，他们喜欢仔细地绘制出自己5年或10年的计划。因此，酷耕耘的创新将是变革性的，也就是说，他们会改进和完善"旧"方式——一贯的做事方法。另一方面，协同创新网络会质疑传统智慧，所以协同创新网络的创新甚至可能蚕食公司现有的产品线。如果，作为一个群体，一个协同创新网络的工作成效很好，它的产出将品质卓越，远远高于传统指挥和控制的项目管理原则管控的团体的产出。

1. 毕加索如何通过协同创新网络创作立体主义

巴勃罗·毕加索是一个创造者、狩猎者，以及酷耕耘者。毫无疑问，他是有史以来最有创意的艺术家之一，不仅作为一个画家，而且作为一个雕塑家和陶艺家。如同所有伟大的酷耕耘者一样，他无数次改造自己和他的艺术，创造全新风格的艺术——最有名的是立体主义——不是他自己创造，而是利用协同创新网络。

毕加索很幸运，他的父亲作为美术教授，很早就认识到了自己儿子不同寻常的天赋，他在毕加索青少年时期就支持并培养他。但青春期时，毕加索的叛逆性情导致了与父亲的决裂。父亲已成功地为早熟的儿子争取到了马德里艺术学院的就读机会，这是西班牙最知名和备受推崇的培训学校，培养有抱负的艺术家。但毕加索不去上学，他待在家里，在父亲为他租的房间里画画。此后不久，他离开马德里，移居到了巴黎。

毕加索经历了不同的阶段，从蓝色时期开始，就追随保罗·高更、埃德加·德加、亨利·德·图卢兹·劳特累克的后印象派的绘画风格。其间，他的绘画主题大多是表达人类的痛苦，描绘乞讨者、酗酒者、妓女，以及长着细长四肢的贫困儿童，让人联想起西班牙文艺复兴时期的画家埃尔·格列柯。虽然毕加索毫无疑问是一个天才，以他自己的风格绘画，但是在此阶段，他还是站在这些早期艺术巨人的肩膀上。

经过蓝色时期，他的玫瑰色时期到来了。在与女朋友——也是他创作灵感的来源——费尔南多·奥利维尔幸福相处时，毕加索开始创作更加欢快的玫瑰色调和粉色调主题。在画一个丑角时，他就是在描绘当时的自我。在1904—1905年这个阶段，毕加索也与其他有影响力的艺术家建立了友谊，如诗人马克思·雅各布、作家纪尧姆·阿波利奈尔和格特鲁德·斯坦因，以及艺术品经销商安布·瓦沃拉尔及丹尼尔·亨利·坎魏勒。毕加索是同时建设自己的第一个协同创新网络、协同学习网络和协同兴趣网络。

玫瑰色时期毕加索产生了最著名的创新——立体主义。他的画作《亚维农的少女》（1907年），以一个抽象的三角形风格呈现出一组裸体女人，最初给人的感觉是如此激进，以至于他都不敢拿给朋友们看。1908年，一个画家组成的小型的协同创新网络初具规模，他们始终坚持应用毕加索在《亚维农的少女》中开创的风格，后来成了著名的立体派的创始人。毕加索和法国画家乔治·布拉克一起，开始尝试把所有对象简化成立方体的全新方式——故名"立体主义"。[1]顺便说一下，这个名字不是毕加索和布拉克发明的，但是当这两个人第一次听到自己的风格被如此标识时，也很快认可了。

毕加索画的大多是风景，但也有乐器、静物，以及朋友们的肖像。第一个立体主义的协同创新网络只有毕加索和布拉克，但是西班牙画家胡安·格里斯很快加入了他们。这个网络非常迅速地招募到了新成员，其中大多是在巴黎蒙马特区附近工作的艺术家。罗伯特·德劳内、马塞尔·杜尚及他的兄弟雷蒙德·杜尚-维庸和雅克·维庸、雷捷，以及弗朗西斯·毕卡比亚成为立体派艺术运动的重要代表。实际上，他们创建了立体派的一个分支，以他们所在的皮托郊区命名。他们首先成立了一个协同学习网络，后来成长为他们自己的协同创新网络。除了包括数十名成员的皮托集团，还有其他立体主义协同创新网络的外围成员，他们要么加入核心的协同创新网络，要么开始自己的立体主义艺术风格创造。

毕加索和布拉克创造立体派时,也没有具体的行动计划,但他们有一个伟大的构想,并通过纯粹的意志力量力排众议获得了成功。在那些年里,毕加索非议、纷争很多,也很穷,在巴黎有时为了取暖不得不在卧室的火炉中焚烧自己的画稿。

一个协同创新网络经过多个阶段。就像毕加索经历了蓝色时期和玫瑰色时期后创造了立体主义,协同创新网络不断尝试新的想法,从看起来最不可能的来源获取灵感。

协同创新网络成员是很棒的网络联系人。他们在向其宏伟愿景永无止境地行进的途中,获得——偶尔也放弃了大量的朋友和合作者。就像毕加索会与诗人、作家、艺术经销商合作一样,协同创新网络成员也会向其核心领域以外的人寻求帮助。同时,就像毕加索与布拉克和皮诺合作一样,协同创新网络成员也因其易与其他兴趣小组组成核心团队而闻名——与一些志同道合、能勇敢地加入他们的行列的灵魂一起,走向新的未知领土。

在探讨艺术世界的协同创新网络的基本原则后,现在让我们来看看它们是如何应用于商业领域的。

> **酷耕耘课堂:协同创新网络经过多个阶段**
>
> 协同创新网络的产品借鉴了相关领域,同时也对这些领域发生影响。立体主义思潮也向其他领域蔓延,如写作和诗歌,诗人纪尧姆·阿波利奈尔、布莱斯桑德拉尔、让·科克托和马克思·雅各布就是立体主义写作风格的重要代表。这种协同创新网络之间的相互交流不仅存在于艺术领域,也存在于任何协同创新网络驱动的创新工作。

2. 通过放权来获取权利——轮换控制权

苹果和谷歌都懂得，创新的关键是合作。这就是为什么苹果的 iPhone 产品会使用大量的谷歌地图，为什么两个高科技巨头联手为 iPhone 开发省电节能的视频播放器来播放谷歌的 YouTube 视频。为什么谷歌和苹果的协作如此之好？

来自麻省理工学院的贾森·戴维斯教授和斯坦福大学的凯瑟琳·艾森哈特研究了两家公司联手合作开发的 8 个全新高科技产品。在摩托罗拉的 Razr 手机、苹果的 iPhone 和微软的 Xbox 等一些产品的启发下，戴维斯和艾森哈特探寻这些不同公司的团队成员之间成功合作的秘密。

合作开发的 8 个项目主要是软件，包括安全固件、中间件、移动电子邮件应用程序和互联网电话硬件及软件。参与合作的公司总部，在美国国内和国外的数量几乎均等。大多数公司原来就存在买家、供应商或直接竞争对手等关系。研究人员考虑分析这些合作公司与他们的合作伙伴和其他同行之间原来已经建立了多强的联系。

在长达两年多的多次采访中，戴维斯和艾森哈特重点关注合作模式的组织流程。接受采访的人都知道合作的优势，例如，一位首席技术官说："如果你想研究我们行业的创新，你需要研究合作……事实上，你很难再找到一个不是依靠专门的战略性技术合作而产生的单一创新产品。说实话，我花了 80% 的时间来完成合作，可见它多么重要。"[2]

合作的成功可以用创建的新技术新专利、开发的其他知识产权，以及推向市场的新产品的数量来衡量，研究人员通过询问受访者对合作成功程度的感知来补充这些量化指标。

戴维斯和艾森哈特发现了一些合作有效和无效的重要团队案例。高效团队的工作方式非常类似于协同创新网络。但是，即使像微软和英特尔之间这样非常成功的合作，整个过程也可能充满分歧和裂痕。极富创造性的工作，从外面看起来经常是混乱的。事实上，协同创新网络会被创意波所震动。管理一个创造过程本身是一个混乱的过程。

轮换控制权

最有成效的项目是项目所有权在两个合作公司之间来回变动。这意味着，既没有强权的控制也没有为了最好而协商妥协。在最好的团队，项目控制权在两个合作伙伴公司之间轮换。即使两家公司规模完全不同，有一点仍然重要，即在完成产品的进度线上任何不同的时间点，决策权属于两家合作公司中的一个。一方获得权利，另一方必须放弃权利。有时候，巨人歌利亚需要将权利移交给大卫和周围的其他人。事实上，戴维斯和艾森哈特引用了一个合作项目经理的话："我真的不知道现在是为谁工作，我的大部分时间是花费在他们的总部，用我们公司的资源来实现他们的战略。这让人很感困惑。"[3] 这种类型的合作并不总是很容易，哪个公司将提交什么专利？谁拥有哪些知识产权？

成功的企业责任非常明确，比如，A 公司的员工说，他们将让 B 公司控制最后期限，下一阶段中只在 B 公司面临外部问题时承担责任。一旦 B 公司的危机得到解决，B 在后续工作中继续担当项目领导。

轮换控制权使得这两家公司可利用彼此的专长，这也让他们做出一些意想不到的互补性技术和专业知识的联合。举一个案例，结合 A 公司开放源代码和 Linux 的专业知识与 B 公司的虚拟专用网络知识的使得移动用户可安全访问数据，这些方法是两家公司原来都不曾想过的。轮换控制权的益处另一个例证是，A 公司做开源项目经验的优势可让 B 公司用 A 公司的开发者社区来测试其新的虚拟专用网络的初期版本。就像 A 公司的一个经理告诉研究人员的那样："我们不只是想要一个有利的方案，我们希望 B 公司作为新技术的共同创造者，这意味着他们会积极参与其中……"[4]

专制的领导布局让占主导地位的合作伙伴泄气，导致他们隐瞒自己最关键的知识。但是，协商一致的领导方法也达不到最佳效果。以联合战略决策方式在每一个阶段分享控制权会导致双方很深的误解，这些往往会被藏在桌子底下，直到为时已晚。尽管进行了广泛的讨论，项目的两个合作伙伴仍然会在重要问题上持有很多不同的看法，从而导致相互指责和重大项目的延误。

不断变换外部合作伙伴

戴维斯和艾森哈特的第二个重要发现是，外部合作伙伴网络在项目完成期间发生了很大变化。在通常情况下，在任何给定的时间点负责的公司首先会带来其自身的外部合作伙伴。当控制权切换到另一家公司时，那个公司将带来自己首选的外部合作伙伴。

这样一来，两家公司的项目组成员都可以参与到更为广泛的积极的外部合作者网络。戴维斯和艾森哈特将这个过程比喻成"瀑布"，随着时间的推移，他们的资源不断转移，参与者不断变换，不同的人在项目的不同阶段参与相同的活动。例如，Linux 开源公司 A 能够通过网络 B 公司最初的首席技术官来与安全网络工程师交流。在后来的过程中，Linux 公司 A 能够通过同一个安全网络公司的执行发起人与安全网络公司 B 的其他工程师合作。

这种操作模式与以专制的伙伴关系模式运作的项目是非常不同的，在那里，在项目完成过程中，占主导地位的合作伙伴将保持项目团队成员的稳定，从而限制对核心知识的获取，占主导地位的公司内部可以访问和使用这些核心知识，但较小的项目合作伙伴则不能。达成共识的领导方式，一方面可保证双方项目组成员最大化地参与，但同时也涉及较高的协调成本，似乎随着时间的推移参与者会感觉很累。

沿途转变策略

教授们还注意到了项目执行过程中曲折的战略转移和变化。项目所有权的变化，也带来了产品战略上的变化。通过轮换控制权，项目能够更灵活地应对外界变化。这些变化引致更广泛的创新搜索，并整合到新产品中，有助于产生一个更高质量的产品。例如，A 公司坚持开源策略，而 B 公司则通过其专有的软件许可获取收入。轮换控制权的结果是，部分新开发软件基于开源，而其他部分则具有专利，成了商业秘密。然而，在项目实施过程中，B公司发现了开放源码的优势，导致它追求一种更加开放的知识产权战略。

在某些情况下，轮换控制权的影响是惊人的；一段一段的，产品开发呈现出蜿蜒曲折的发展轨迹，无法预测和探索出新的思路，这是合作伙伴中的任何一方都无法独自实现的。每一次曲折都让拥有控制权的公司实现其战略目标，让没有控制权的厂商更好地理解这些目标。

与此相反，专制的合作战略在试图按照主导方合作伙伴原来预定的项目计划执行时，更容易遇到不可预见的障碍。共识性的领导关系也会导致更低的效率，因为太多的精力被浪费在次要问题的协商方面，而没有专注于创新。

轮换控制权的益处

虽然轮换控制权的方式也具有不确定性和风险，并可能导致团队成员的焦虑，但它带来的好处远远超过这些可能发生的弊端。在轮换控制权的模式下，是一种共生关系的组织合作，在处理结果不可预知、含糊不清的情况时相当卓越。它的另一个优势是，在项目的每一个阶段，责任都非常清楚，但是如果需要的话，可以在下一阶段通过轮换控制权来重新确定责任。

这种模式的效率远远高于为协同创新网络的生命周期制定严格的等级制度，或采取把每个争议都放在桌子上，并用大量时间和精力讨论的平等做法。协同创新网络不是平等的，而是任人唯才。这意味着，在协同创新网络中，虽然领导角色总会受到质疑，但在任何给定的时间点上，他们是非常清楚的。

> **酷耕耘课堂：协同创新网络有领导角色，但会轮换控制权**
>
> 协同创新网络的领导人愿意放弃自己的领导角色，为在任何给定的时间点通过新鲜血液整合新创意开辟道路。有明确的领导者，意味着总是有些个体会意识到自己的控制权，并将给予更高水平的承诺。

3. 做一条大池塘里的小鱼

协同创新网络启动和营销其新理念的最佳方式是什么？一组分析师通过对法国癌症研究人员的观察，探索了最成功的癌症研究人员与不太成功的同行之间存在的最大区别。在分析哪些人员能让其想法以最快速度传播时他们发现，秘诀在于初级研究人员要"做一条大池塘里的小鱼"。[5]

分析师分别观察了法国政府资助的私人研究中心和大学实验室里的高级研究人员。他们把研究人员分为四大类：

"大池塘里的大鱼"，是最高级和最成功的研究人员，大多是大型的知名研究实验室的主任、小组领导，以及大学教授；

"小池塘里的大鱼"，是小型的不太出名的机构里备受尊敬的研究人员；

"大池塘里的小鱼"，是大型的知名研究实验室里影响力有限的初级研究人员；

"小池塘里的小鱼"，是小型研究机构里的影响力较小的人。

在比较和测评这四类研究人员之间的成功时他们发现，研究人员，即使是"小鱼"，如果在一个"大池塘"（即一个庞大而备受推崇的研究机构）里工作，也远比在小型研究机构的研究人员，甚至是"大鱼"更有影响力。所以，尽管在省级机构里工作的"小鱼"的自我感觉可能会更好，因为那里的研究人员会发现自己可能更容易产生局部影响力，但他们对全球的影响力是非常低的。如果"小鱼"在一个著名机构里工作的话，他们会得到更多的认可。由此可见，著名机构的"大鱼"似乎并没有妨碍同一个组织里的"小鱼"进步。恰恰相反，"小鱼"会在机构里的"大鱼"光环笼罩下受益。

在第二个实验中，在超过五年的时间里，分析师研究了"小鱼"成功地成为"大鱼"的战略。他们区分了不同研究者采用的合作战略，按照有多少人询问研究者的意见和研究者向他人询问多少意见，把合作策略划分为四类：

第一类是个人主义的研究者，完全独立于他人。这些人既不询问别人的意见，别人也不会询问他们的意见；

第二类研究者包括那些别人不经常询问他们的意见，但他们经常询问别人意见的人；

第三类研究者向别人提供咨询意见，但不征询别人的意见；

第四类研究者是最社会化的，他们不仅自由地共享建议，而且还经常出去询问别人的意见。

分析师发现，提供建议和询问意见都是值得的。毫不奇怪，经常给予别人建议并征询别人意见的最为社会化的研究人员，在推动自己成为"大鱼"的过程中是最为成功的。而相反的，个人主义的、既不给予别人建议也不征询别人意见的研究人员，最有可能一直是"小鱼"。那些只是给予别人意见或只是征求别人意见的研究人员，结果介乎上面两种人之间；对于这些人来说，花费自己的时间给别人提供意见或请教他人的意见要经过选择，研究结果发现，给别人提供意见的研究人员比仅会寻求建议的人更容易成为"大鱼"。

结论似乎是显而易见的，职业生涯中的利他主义和乐于助人是有价值的。因为，作为回报，他们也将帮助你成为"一个大池塘里的大鱼"！

酷耕耘课堂：把你所知道的告诉别人

一个人是无法交流的。研究人员选择把自己锁在科学的象牙塔里时，为获得成功需要付出的努力远比通过网络会议与同行交流、不断向别人学习，并给予别人建议的方式艰难得多。预测研究人员未来成功与否最有效的方式似乎是他们给出建议的行为、愿意花费时间给别人提供意见、告诉别人自己所知道的，不仅对寻求建议的人有帮助，对建议给予者同样有益。

4. 协同创新网络的六个要领

（1）**做最好的蜜蜂摇摆舞者**。最成功的协同创新网络是那些招募到最优秀和最受尊重的成员的群。创作者——在不断跳他们的摇摆舞时，应该让自己成为最好的，即使在努力达到自己目标的过程中，以这种方式可能会花费更多的时间。

（2）**理解协同创新网络成员的工作是为了多数人的利益和自我提升**。人们加入一个协同创新网络的主要动机是为一个让他们充满激情的共同目标做出贡献，而不是为了赚钱或成名。这两个动机的次序是——首先是为了多数人的利益，在某种程度上让世界更加美好，第二则是自我提高。这些是人们加入一个协同创新网络的主要原因。

（3）**允许协同创新网络发展经过多个阶段**。毕加索建立立体主义之前经历了他的蓝色和玫瑰色时期，协同创新网络也要经历许多不同的阶段、不同的成员和不同的战术目标，当然他们的大愿景不会变。

（4）**接受轮换控制权**。在相互合作的高科技公司中，最成功的创新团队采取轮换控制权的合作模式。协同创新网络也一样，在任何给定的阶段也只有一个明确的领导者，但这个领导者愿意将其领导权交付给下一阶段中最有能力达到目标的人。

（5）**做一条大池塘里的小鱼**。法国分析师发现，初级癌症研究人员在著名的研究实验室工作能更迅速地获取成功。同样，一个协同创新网络的目标最好与一个强大的孵化环境相关联。协同创新网络应该让其自身与成功的组织为伍，并从成功的组织中汲取灵感。比如，史蒂夫·乔布斯，从著名的施乐公司帕洛阿尔托研究中心（PARC）得到苹果公司开发电脑的思路；或谷歌，由斯坦福大学——美国顶级大学之一的两个学生开创。

（6）**询问和提供意见**。法国癌症研究人员记录了相互交流过程中给予和接受帮助的好处。无私和利他主义不仅有利于建立一个良好的环境，同时也

四、协同创新网络：构建产品

让大家共享其所知道的知识。

在下一个章节，我们将深入讨论协同创新网络的核心成员如何培育和促进产品的打造，分析协同创新网络成员如何利用自己的朋友和家庭网络来了解其产品的最佳用途，并潜移默化地加强其产品，同时为协同创新网络招募新成员。

五、协同学习网络——培训和创意推广

吾人以教为学。

当蜂群派出狩猎者寻找一个新家时,侦察蜂是在寻找性能最好的新蜂巢的位置。对人类酷耕耘者而言也是一样,一旦他们确定了群体的理想和目标,他们将努力提升其创新产品的可接受度。

在这个阶段,协同创新网络成员要找到最好的途径和方式,使他们的产品能够对其社区产生吸引力。为了实现这一目标,他们利用自己的朋友和家人网络——他们的协同学习网络(Collective Learning Network)。协同学习网络既是协同创新网络的大胆的新想法的珍贵宣传版,也是协同创新网络新成员的丰富来源。协同学习网络成员将最先尝试协同创新网络的不断变化的产品。如果协同创新网络成员的摇摆舞跳得很好,他们也将激励一些来自协同学习网络的人,提高他们的参与程度,从而加入核心的协同创新网络。

例如,一个丹麦啤酒厂的业主公开了他们啤酒的配方,教别人怎样自己做啤酒,最终被证明这对原始配方的发明者非常有益。他们免费发布自己的啤酒配方,让群定义他们产品的特性。免费的啤酒配方鼓励了世界各地的酿酒爱好者进行实验,其中一些啤酒爱好者开始用这个免费的配方为自己酿酒,并对配方进行改进,然后把改进告知原配方的所有者——丹麦啤酒厂的业主,因为人们希望这个厂的啤酒也做同样的改变。由于不是所有啤酒爱好者都会自己酿造啤酒,接受了改进配方的啤酒极大地增加了销售量。因此,啤酒厂建立了一个完整的新的啤酒生产线。当人们得知自己改进配方的建议产生了

五、协同学习网络——培训和创意推广

作用时,更加激发了大家购买这种啤酒的热情,"免费啤酒"协同学习网络成员购买了大量的新"免费啤酒"。

在利用协同学习网络方面,瑞士零售商巨头米格罗零售公司(Migros)提供了另一个很好的案例。米格罗创建了一个新的低成本产品线,称为M-预算,产品的选择很大程度上依赖于大规模的协同学习网络。M-预算的基本思路是,用统一的绿色包装以低价销售一些最畅销的零售产品,以此来蚕食这类产品的零售商。这意味着,M-预算的产品质量相当好,其低廉的价格来自统一的包装和商标。例如,米格罗一些最畅销的饼干,以前多用花哨的盒子包装销售,现在作为M-预算的产品,改用简单的绿色包装并低价出售。2008年,M-预算的产品线多达500种,从食物(例如黄油、饼干、奶酪和酸奶)到手机、便宜汽车等(该项目中的一个汽车分销公司参与)合作。

米格罗要回答的基本问题是:酷有什么特点?换句话说,在现有的产品中,哪些应该被标识为M-预算品牌,保证其在利润率降低时,能够通过增加市场份额来弥补利润,甚至获得更多收益。米格罗让它的群来回答这个问题。它组织了几十个M-预算晚会,举办摇滚音乐会和滑板比赛之类的体育赛事。在这些晚会上,它免费提供M-预算的产品。参加晚会的年轻时尚一族作为潮流达

图5-1 米格罗的M-预算产品线

人，展示给米格罗他们对M-预算产品的选择（图5-1）：想要M-预算的手机、汽车共享，直至M-预算设计的泳衣。到目前为止，M-预算的销售增长率一直名列前茅。瑞士年度品牌排名情况显示，在短短的几年中，M-预算已成为瑞士最有价值的品牌之一。

米格罗要回答的基本问题是：酷有什么特点？换句话说，在现有的产品中，哪些应该被标识为M-预算品牌，保证其在利润率降低时，能够通过增加市场份额来弥补利润，甚至获得更多收益。米格罗让它的群来回答这个问题。它组织了几十个M-预算晚会，举办摇滚音乐会和滑板比赛之类的体育赛事。在这些晚会上，它免费提供M-预算的产品。参加晚会的年轻时尚一族作为潮流达人，展示给米格罗他们对M-预算产品的选择（图5-1）：想要M-预算的手机、汽车共享，直至M-预算设计的泳衣。到目前为止，M-预算的销售增长率一直名列前茅。瑞士年度品牌排名情况显示，在短短的几年中，M-预算已成为瑞士最有价值的品牌之一。

协同学习网络不必面向外部，甚至根本不必让客户介入。蓝衫族（BlueShirt Nation）是由美国电子产品零售商巨头百思买（Best Buy）努力创建的一个内部社交网站，那里有20000名员工拥有个人页面，交流一切信息，从宠物到对公司的关注。蓝衫族的名字来自百思买员工工作时穿的蓝色T恤。网站是由两个极富进取心的中级IT经理以有限的预算使用开源技术创建的。事实已经证明了它多方面的价值：帮助提高了401（k）计划的接受度，极大减少了其用户离开公司的可能性，还是新创意和新产品的试验场和聚集地。这是一个内部使用协同学习网络的典型案例。

倾听群不仅可以帮助零售业取得成功，也可以帮助销售人员。日本打印机和复印机公司——富士施乐有限责任公司已利用一个协作学习网络来培训其销售人员，出售其现有产品和服务之外的全新服务。

五、协同学习网络——培训和创意推广

1. 通过销售人员的协同学习网络增加销量

日本高科技公司富士施乐在决定重整其产品和服务线时，也选择了教育、培训和联系其销售队伍的新方法。几十年来，富士施乐一直给国内外提供办公用品，如复印机和打印机。但宽带社会的来临，要求富士施乐进行彻底的改变。该公司开始转变原来的长期战略，推出了一个非常不一样的产品——一种叫"Beat"的网络服务，这是一个中小型公司非常容易安装和维护的用于安全网络的 Box（一种廉价的功能服务软件）。在初始安装后，"Beat"的软件功能基本上开始接管和提供网络安全服务，例如入侵检测和防火墙保护。

让人们每月花几百元租用这样一个 Box 需要不同以往的销售技巧。此前，富士施乐的销售人员经常签订价值数千美元的大型复印机或打印机销售合同，购买和维护这些设备的费用也相当昂贵。原有的销售结构基本是一个分散的销售子公司网络，这些子公司的销售人员过去常常与大型企业的采购人员接洽，而不是给信息技术部门推销很小的、廉价的月租网络服务。为了支持销售人员推销这种要求销售方式完全不同于传统的新服务，富士施乐利用了各种电子通讯手段。在产品正式发布之前，"Beat"服务部门建立了一个邮件列表，作为与销售人员沟通的主要手段之一，用于分享新产品信息、销售技巧和服务问题。"Bcat"服务正式启动后，为了与销售队伍沟通，服务部门还增加了呼叫中心、专题销售会议和内部新闻通讯等机制。

麻省理工学院集体智慧中心的一些同事密切观察过富士施乐的销售队伍如何改变自己的行为：从一种层级式的经营和沟通转变为在协同创新网络和协作学习网络中的合作。[1] 特别值得一提的是，他们监控了销售代表的沟通邮件列表。还采访了一些销售人员和服务部门员工。我的同事们最先注意到的是服务部门，它虽然规模较小，但每位工作人员平均发布到邮件列表上的消息比销售人员自己发送的大约多 10 倍。原来，销售人员和服务部门的成员已形成了核心协同创新网络和协同学习网络，向不太积极的处于外围的销售人员提供新产品信息和建议,与他们形成外部学习网络。在地理意义也是如此,服务部门约50个员工同在一个办公室里工作,而大约15000个销售人员分布在多个销售子公司。

通过分析邮件列表,我的同事取得了一些有趣的发现。他们首先注意到了两个清晰可辨的阶段:最初两年,主要是服务部门和销售人员之间的通讯,销售人员之间沟通很少;后来两年的情况发生了巨大变化,销售人员开始使用邮件列表,彼此之间进行信息交换。这意味着,协同学习网络成员都从其指导人员那里获取了足够的技术知识,服务部门成员彼此之间开始交流销售和服务技巧。例如,一个销售人员的客户问询问Box与移动电话服务的兼容性,这个销售人员在邮件列表上张贴了这个问题,另一个销售人员给予了正面解答,因为同样的问题在一年之前他已经为自己的一个客户解决了。

作为一个附带的好处,学习网络也给协同创新网络反馈新的见解,如,销售人员发现了服务部门成员所不知道的服务故障的修复方法。

培训开发服务部门协同创新网络的成员是优秀的酷耕耘者。开始时他们将邮件列表作为一种过滤机制,以了解新客户的需求。他们选择了最苛刻的用户,然后打电话请求拜访的机会。访问客户让他们得到了第一手的客户需求信息,与苛刻客户的合作过程,有助于他们开发新的产品和服务。他们还试图尽可能多地向有经验的销售人员学习。开始时,Box的开发者是主要的传播信息的人,他们积极宣传新服务,亲手提供书面支持给销售人员,并解决他们的潜在客户所遇到的技术问题。有时,他们甚至一起打电话向潜在客户销售。这样,服务开发人员、协同创新网络、销售人员及协同学习网络之间的信任迅速建立了起来。

销售人员甚至开始创建自己的协同创新网络。例如,一个销售员问是否可以把Box和一个计算机公司的一个所谓"关键任务"计算机服务器整合。其他技术精良的销售人员加入到他的行列,在一些最早的核心协同创新网络服务开发者支持下,一起开发了一个新的服务产品,整合了自己的网络"Beat"Box

> **酷耕耘课堂：协同学习网络给协同创新网络提供学习经验**
>
> 一旦服务进入市场，销售人员就会通过销售和支持 Box 产品获取经验，开发人员会将他们的反馈整合到新的"Beat"产品版本中。在服务的整个过程中，协同创新网络和协同学习网络之间的通讯模式发生了变化。最初是服务产品的开发者以轴辐射模式与销售人员一对一、面对面地互动，后来，随着服务销售越来越成功，他们将每年两次的服务会议增加到四次，还成立了两个不同的呼叫中心，回答销售和技术问题。但更重要的是，通讯模式改为销售人员之间的平行模式，互相征求意见和提供建议。

和"关键任务"服务器。还有一些较小的协同创新网络也发展起来，销售人员自发地聚在一起收集竞争对手及其服务的结构化信息。在其他的协同创新网络中，销售人员共享和开发新市场进入战略以更好地销售 Box。

邮件列表上的活动也能预测销售数量。销售人员更加积极更有激情，销售量越来越多。结论似乎是显而易见的，让销售人员与服务开发者之间进行的对话越多，他们学习到的服务知识就越多，以后他们就会把它卖得越好。让销售子公司网络转变为协作学习网络，富士施乐从其中获得了丰厚的回报。

2. 通过宝洁公司的"科技企业家"学习创新

协同学习网络是一种发现新的商业机会和新产品的高效方法。宝洁公司（Procter & Gamble，简称 P&G）已经成功建立了酷狩猎者和酷耕耘者的协作学习网络。大约 90 名宝洁员工被正式任命为"科技企业家"，肩负寻找新产品创意的任务，他们大多是来自世界各地的不同业务单位的高级工作人员。这个决策由宝洁创新副总裁拉里·休斯顿启动，"连接+开发"倡议给宝洁带来了洋洋可观的收入和利润增长。

科技企业家的目标不是寻找内部创新，而是发现公司之外的其他人的想法。随后，宝洁会接近有这些想法的人，他们都是个体、小企业，甚至是宝洁公司的大型竞争对手。据拉里·休斯顿的接班人之一、马克·彼得森说，将这些从外部酷狩猎到的想法融入市场产品中，可以让宝洁持续不断地获取回报，其收益远大于自己的研究实验室开发的新品。这个结果和麻省理工学院教授、用户驱动创新大师埃里希·希佩尔的发现是一致的。希佩尔曾比较过企业研究实验室开发的产品和最终用户建议开发的产品的回报，例如，观察著名的创新公司3M公司（明尼苏达矿务及制造业公司，Minnesota Mining and Manufacturing Corporation）推向市场的新产品，他发现最终用户推荐开发的产品比内部开发产品的回报率要高出两到三倍。

基于这种认识，2000年之后，宝洁开始积极寻找外部创意。2008年宝洁销售额超过83亿美元，其开发新品的压力十分巨大。目前，宝洁有23个产品线，每条产品线生产的产品都超过1亿美元，销往全球，并不断寻找更多的创新产品，添加到产品名册中。其内部研发机构的员工超过9000名，其中40%在美国之外的地方工作。这些员工来自67个国家，大约1100个研究人员拥有博士学位。它拥有的专利超过36000项。但是，即使如此强大的创新引擎也不能够满足宝洁对新产品的需求。为了维持目前的增长率，宝洁每星期需要寻找可以产出9800万美元新产品的理念。虽然有效增长率已经在4%—6%之间，宝洁还想让这个数字翻倍。

为了实现这个宏伟目标，宝洁要依赖科技企业家。这个协作学习网络像智能搜索引擎一样展开工作。宝洁有一个规范化的新产品搜索过程，其业务单位确定效益增长领域，再找出潜在的合作伙伴，然后有条不紊地接近他们。最后，宝洁技能高超的交易商会与潜在的商业合作伙伴共同协商交易合同。然而，最好的产品和最高的回报来自意想不到的产品和机会，宝洁一直在寻找新的颠覆性技术、新的商业模式、接近客户的更好方法，以及可参与的新渠道。为了实现这一目标，它会仔细研究自己的特许制造商、竞争对手和供应商。但宝洁的网撒得更大，它也对研究机构、风险投资人、宝洁校友网络和设计公司的成果进行分析，接着当然会派出科技企业家。

五、协同学习网络——培训和创意推广

科技企业家都是有经验的研发经理,分散在全球各地,包括美国、欧洲、中国、日本、拉丁美洲和印度。他们驻在当地的业务单位,建立与外部新技术的初步连接。他们专注于更具战略性的、更大的、接近市场的需求。他们的工作是扩展宝洁的能力,并与外部资源对话,以找到新的线索和合作机会。这样一来,宝洁就建立了一个新的快速高效的领导审批制度,大大提高了发展有效外部合作伙伴和新商业模式的能力。宝洁这一举措的成功已势不可挡。其最优之处在于,它是一个互惠游戏:虽然现在宝洁公司42%的产品大部分来自外面的公司,但内部开发的创意也为宝洁的合作伙伴创造了超过30亿美金的利润收益。仅在2008年,来自宝洁科技企业家的新产品创意就达到1000多项。

例如,宝洁与法国小型研究公司SEDERMA合作开发了一个非常成功的护肤霜。在一次技术展示会上,SEDERMA展示了一份数据,表明它的新化合物可以有效减少人体皮肤的皱纹。宝洁的一个科技企业家出席了展示会,跟进了这个想法,并促成了宝洁对新化合物的独家代理权。最终宝洁推出的玉兰油新生焕肤系列产品,获得了巨大的成功,成为玉兰油销量两位数增长的最大贡献者。今天,宝洁仍然与SEDERMA合作,开发新的抗衰老产品。

另一个成功的故事是,宝洁科技企业家在日本的一家超市发现了在其他国家从未见过的清洁产品。日本公司尤妮佳开发了一种纤维制成的掸子,能更好地收集灰尘。事实上,他们几乎能吸走全部灰尘。在18个月内,除日本之外,宝洁收购了这种掸子在其他国家的经营权,取名速易洁(Swiffer),作为它的旗下品牌进行推广,在日本以外的所有市场都产生了可观的效益,宝洁甚至能用尤妮佳的广告进行全球营销。

有时,宝洁的科技企业家能直接从竞争对手那里发现很酷的产品。例如,宝洁与竞争对手——技术领先的洗涤剂制造商高乐氏公司(Clorox)建立了一个非常成功的合作模式。为了共同开发新产品,宝洁提供生产技术,高乐氏公司提供基本产品、分销流程和营销流程,以及品牌名称。这样,宝洁从信誉卓著的竞争对手那里基本上是得到了产品成品,并利用其运转良好的市场机制来推动它的全球化。这种层次的合作在几年前几乎是不可能的。如今,

据合作双方相关人员所言，这种合作已经取得了巨大成功。宝洁外部业务发展总监马克·彼得森宣称，通过这种合作，宝洁得到的利润比它自己在全球市场上开发和销售同样的产品估计要多出5倍以上。同时，高乐氏也获得了丰厚的回报，宝洁的市场影响力使双方合作产品的市场占有率提高了5%—14%，在一个必须首先创建新客户的饱和市场上，这个增长率非常巨大。

另外，宝洁与两家公司同时合作开发了一个新的蜡烛生产线。为了开发Febreze蜡烛，宝洁与一个生产蜡烛的公司，以及俄亥俄州的一个营销和制造公司Changing Paradigm合作，成功地把一个新产品推向了市场，销量增长了40%，并在投入市场后的5周后，在其类别市场上占到了31%的主导份额。

在另一个合作关系中，宝洁在唐恩都乐（Dunkin'Donuts，也叫"当肯甜甜圈"）的门店和其他地方合作销售包装咖啡豆。唐恩都乐提供商标和配方，为宝洁的包装咖啡开辟了一个新零售渠道。同样，在这桩交易中，双方的价值主张令人信服。唐恩都乐以其品牌价值为基础，在宝洁的帮助下，将其在东北的影响扩大到西部，发展了"店中店"业务。另一方面，宝洁无须介入餐厅业务就可以在美食领域展开竞争，凭借唐恩都乐的强大品牌进行销售。

宝洁已经相当成功地利用协同学习网络来酷狩猎新产品，并与宝洁公司之外的其他协同学习网络联合来酷耕耘这些产品。协同学习网络也可以应用在传统商业世界之外的其他领域，例如，一个成功的吸血鬼小说作家应用协同学习网络与她的读者一起共同塑造故事情节。

酷耕耘课堂：宣传你的成功来吸引更多的成功

最令人惊奇的是，宝洁没有对其成功的合作进行保密，而是广泛地予以宣传。宝洁的经理，如马克·彼得森，就像跳一个非常活跃的摇摆舞，向潜在的追随者宣传双向合作的好处。其原则是，"做好事情，并把它告诉别人"，希望其他人会自告奋勇地与宝洁的科技企业家联系。宝洁甚至已经设立了一个门户网站——pgconnectdevelop.com，并广泛宣传。作为一个的积极的酷耕耘者，宝洁列出了它要雇用的专家及所需的专业知识，邀请他人为合作提供建议。

3.《暮光之城》的酷耕耘

作者斯蒂芬妮·梅尔将她与读者的在线互动推进到一个新的水平。[2]她的《暮光之城》系列丛书是讲述一个关于年轻英俊的吸血鬼爱德华·卡伦与一个普通女孩贝拉·斯旺相爱的故事。在短短几年里,《暮光之城》系列已经吸引了数百万读者和观众。她的第四本小说《破晓》出版后四天之内就售出了370万册,取得了惊人的成功,也引发了与《哈利·波特》系列图书的竞争。显然,她写的吸血鬼和女孩之间纠缠不清的关系的故事,一开始就引起了读者的共鸣。2005年,她在第一本书出版时,就以750000美元签下了前三本书的合同。这对一个不知名的新作者来说,这笔钱数量相当巨大。她迅速增加的读者很快证实了出版商的正确判断,读者数量一直在成倍增长。

斯蒂芬妮·梅尔的成功不仅仅因为她丰富的想象力和高超的写作技巧,也得益于她将与读者的在线互动推进到了一个新的水平。一开始,她就致力于与最忠实的粉丝进行网上对话。当第一本书出版时,她的出版商建立了一个标准网站。接着,斯蒂芬妮决定建立另一个更适合自己个性的网站——stepheniemeyer.com网站,展现了她热情和友好的个性。在早期的成功阶段,她非常平易近人,亲自回答了读者的有关她英雄爱德华·卡伦和贝拉·斯旺纵横交错的命运的许多问题。梅尔的网站非常个性化,展示了她在孕育和撰写《暮光之城》系列作品时的很多情形和感受。

虽然《暮光之城》的主要故事情节来自幻想,但十几岁的读者却深深关心着英雄的忧伤和情感变化。很快,一些忠实的读者设立了网上论坛和博客,互相联系,交流自己的类似经历。甚至有一个"暮光之城传奇",是用户用维基百科维护的可编辑社区网站。在暮光之城传奇维基上,忠实的读者已经设置了与《暮光之城》小说人物和演员关联的个人描述。在美国在线社交网站MySpace(我的空间)上,有不同的暮光之城小组,每个组都有成千上万的成员,其中一些是在第一本《暮光之城》小说出来后不久就建立的。

当斯蒂芬妮·梅尔在MySpace上发现了这些群体时,她很快就加入了,并回答了粉丝的问题。当读者洛瑞·约夫斯从吸血鬼爱德华叙述的角度,而不是从那个女孩贝拉的角度,发布了一篇描写《暮光之城》的故事后,斯蒂芬妮在她的网站上发布了赞扬评语:"我很高兴读到你的这个版本。"得到斯蒂芬妮的支持鼓励后,洛瑞·约夫斯联系了斯蒂芬妮·梅尔,并自愿建立"暮光词典"——一个收集所有关于该图书系列相关事件的粉丝网站。斯蒂芬妮热情地接受了这个想法,并且非常高兴地提供了她小说中主要角色的个人简历,以及这个故事的时间线。据《商业周刊》报道[3],暮光词典是当时最为活跃的《暮光之城》网站,每天的访客达到3万人。

斯蒂芬妮·梅尔用她自己的网站和读者进行面对面的密集接触。她在图书馆和书店举办了"我爱爱德华"晚会,有大量的读者出席。当她的一个读者——卡迪·威德福开玩笑说她应该举办一个暮光之城舞会时,斯蒂芬妮马上接受了这个建议,她的出版商也非常支持这个想法。一个500人的舞会信息刚被刊登在她的网站上六小时,门票就被销售一空。其他舞会的门票也很快卖完,在2007年,梅尔出版她的下一本书《月食》时,成千上万的人去参加了她的新书签售。

除了最初的青少年读者和观众组成的粉丝团队外,第二个粉丝团队也随着出现了。TwilightMOMS是由《暮光之城》的青少年读者的母亲们组成的社区,其中有许多人本身就是《暮光之城》的热心读者。同样,斯蒂芬妮在TwilightMOMS网站上发帖:"嗨,我的妈妈朋友们,这真是太酷了,看来,作为30多岁的母亲和妻子,不是我一个会爱上虚构且未成年的吸血鬼和狼人。"与此同时,TwilightMOMS上面人头攒动,妈妈们在论坛上讨论《暮光之城》对家庭生活各个方面的影响。

> **酷耕耘课堂：善待你的协同学习网络成员**
>
> 除了 MySpace 网页，暮光之城传奇、暮光词典，以及 TwilightMOMS 外，斯蒂芬妮在自己的网站上还列出了 300 多个暮光之城粉丝网站。在线论坛为她了解读者的想法和口味提供了一流的协作学习网络。斯蒂芬妮·梅尔是一个成功的创造者和协同创新网络的缔造者，她非常平易近人，人缘颇好，不是作为一个精英作家，而是作为"我们中的一员"真正地与自己的读者接触。

4. 协同学习网络的六个要领

（1）**让协同学习网络给协同创新网络提供新信息**。起初，富士施乐的销售人员（协同学习网络）从服务开发者（核心协同创新网络）那里学习了新产品知识。但两年后，销售人员有了足够的技术知识和第一手经验，使他们能够互相沟通重要信息。此外，协同学习网络反过来向协同创新网络提供新的见解，因为销售人员提出了服务部门还没有遇到过的问题的解决方案。

（2）**宣传你的成功以找到更多的成功**。宝洁公司并没有把自己的多项合作秘而不宣。相反，宝洁广泛宣传自己的成功合作。宝洁经理正在跳一个非常活跃的"摇摆舞"，向潜在的追随者宣传合作的双赢结果，鼓励他们挺身而出，提出他们自己的方案。

（3）**善待你的协同学习网络成员**。畅销书作家斯蒂芬妮·梅尔与她最忠实的粉丝进行网上对话，与她的读者一直保持联系。她亲自回答《暮光之城》的问题，并支持和鼓励她的粉丝们独立开展与《暮光之城》相关的项目。她也足够谦卑，用读者提供的资料来塑造自己的故事情节。

（4）**从你的市场来了解你的产品**。协同学习网络是一种了解市场需求和获取真实用户对新功能反馈的极好方式。富士施乐的服务开发人员主动与销售人员沟通，使他们成为扩展服务开发和测试系统的团队的一部分。结果，服务开发人员能够了解客户的需求，并与要求最高的客户合作开发新功能。

（5）**找到酷的特点**。倾听协同学习网络的介绍，可以让创造者了解消费群体最欣赏新产品的那些可以称为酷的特性。瑞士零售巨头米格罗通过向消费者征求意见，创建了一个非常成功的低成本产品线——尤其是搞清楚了年轻时髦的潮流领导者希望米格罗以更低的价格提供哪些产品。群帮助该公司选择最酷的产品进行重新包装和贴标。

（6）**找到蜂巢的位置**。协同学习网络是一个有用的酷狩猎网络，其成员会给协同创新网络提供努力的方向。就像宝洁公司的科技企业家，在公司的核心生态系统之外找到利润丰厚的商业机会。协同学习网络成员是很棒的狩猎者，应该得到应有的尊重，他们将是协同创新网络的最大支持者，是非常重要的老师，会告诉我们什么有效、什么无效。

一旦协同创新网络的产品经历了协同学习网络的磨炼，就到了启动所有病毒式营销活动的时候，推动新的时尚产品到达临界点。而这正是协同兴趣网络的用武之地。

六、协同兴趣网络——轰动效应

民众的呼声是就上帝的声音。

在酷耕耘的最后阶段,协同创新网络和协同学习网络齐心协力对产品展开宣传。他们一起让世界拥抱新产品,并购买它。人类与蜜蜂狩猎者并没有不同,她们在姐妹群中发出嗡嗡声,直到群的热量超过阈值,蜂群爆炸,飞向一个新的方向。正是以同样的方式,人类群体必须采取行动创造潮流。利用口碑营销,自然地产生协同兴趣之网(协同兴趣网络),并进行宣传。这些群体社区成员觉得新产品非常酷,他们将势不可挡,使产品取得巨大成功。

通过病毒式营销,协同创新网络和协同学习网络的成员找到外界有影响力的人来说服别人追赶这个潮流。该过程让创意或新产品到达引爆点,使其真正成为一个外部世界潮流。协同学习网络不仅仅能发现那些被目标群体所接受的人,更重要的是他们能找到被目标群体所高度赞赏的行为榜样,在这方面协同学习网络是佼佼者。一旦他们发现这些行为榜样,他们不会被动地让这些行为榜样来买产品,而是想方设法让榜样们深信该创意的优点。在理想的情形下,这种创意通常是一个崇高的事业,它会吸引行为榜样的深深关注,让他们投入他们整个声誉和精力去让创意产品落地。

仅仅是一个崇拜的榜样的行为就可以改变许多人的行动。想象一下,例如,奥普拉的读书俱乐部是如何让人们对列夫·托尔斯泰的"安娜·卡列尼娜"产生新兴趣的,不然许多美国人可能不会去看这本文学经典。

另一个很好的案例是米格罗营销它的低预算 M - 预算产品的方法,这在前面的章节中有所介绍。为了更好地了解其客户群的需求，米格罗组织了"M－预算"晚会，时尚的年轻人可以在那里免费尝试其产品。米格罗也赞助了现代音乐乐队，进一步提高大家参与晚会的热情。结果，M－预算产品的购买者并没有为买不起更昂贵的高端食品及消费品而受到诬蔑，M－预算晚会上的这些时尚年轻人联系在一起，被认为是很酷的事物。晚会上的年轻人不只是一个协同学习网络，也是一个重要的协同兴趣网络，在客户群中提高热度，对其他潜在客户发出"嗡嗡"声。

苹果公司的史蒂夫·乔布斯会提高热度，发出嗡嗡声，直到他的忠实苹果用户群迫不及待地想要买下新版 iPhone、iPod，或 MacBook。在大张旗鼓地推出新产品后，乔布斯确保 2008 年春季会推出新版 iPhone，在剑桥市的苹果公司专卖店外面，购买者的队伍排了有两个街区长。客户耐心排队等待好几个小时，直到他们终于可以买到一个珍贵的 iPhone 手机，群体热度接近沸腾。

如何通过协同学习网络和协同兴趣网络进行病毒式营销，创造一个很酷的潮流，还有一个案例是乐高开发和营销它的机器人 Mindstorms 玩具工具包。

1. 沉浸使群体爆炸——乐高机器人

在过去的 10 年里，丹麦积木生产商乐高已经成为一个酷耕耘大师。它利用创造性想法的方式久享盛名，已经完全改变了新产品的开发方式。许多有创意的人将他们的态度和开发新产品的方式归因于他们玩乐高积木的童年经验。乐高是世界最强大的玩具品牌之一，拥有遍布全球的忠诚粉丝，而且价格不菲。1932 年，乐高从一个木制玩具生产商起步发展至今，其创始家族仍然掌握着多数股权。在上世纪 60 年代，第一个版本的塑料积木加入到产品列表，其后乐高不断创新，发明了使用积木的新方法，致力于培育孩子们的创造力、想象力和发明的天赋，这些孩子直到成人后还一直是乐高积木的忠实用户。

乐高积木已被用于建立原大的恐龙模型、原型生物视网膜扫描仪、人工机械手。从最初发明塑料积木发展至今，乐高依靠其用户的创造力走过了漫长的道路。最初，乐高聘用了一些对其玩具最富热情的用户作为其新版玩具和型号的开发者。后来，它与用户合作，邀请他们为新积木产品模型献计献策。起初，这些新产品由乐高负责销售，如今已发展到另一个层次，邀请用户参与或直接负责开发和营销过程，并通过 eBay 和传统渠道销售他们自行独立开发的基于乐高积木的产品。这种以乐高为基础的生态系统已达到一定的成熟度，用户开设的公司与乐高公司公平合作，带来了很多乐高连做梦也想不到的新用户。

乐高机器人 LEGO Mindstorms 是很好的一个案例。它是一组可编程的乐高积木，由电动马达、传感器、乐高技术配件和积木组成一个全功能的编程环境。第一个版本的乐高机器人是公司与麻省理工学院媒体实验室共同开发的。该产品自 1998 年发布以来，世界各地每年约有 80000 人购买，基本上没有做任何营销。目前市场上乐高机器人约有一百万个配套元件，只要在 YouTube 上做个视频搜索，就能找到超过 3800 个用户的新用途展示视频。

乐高机器人最初推出的几周时间里，一个毕业于斯坦福大学的学生就破解了个人电脑与乐高机器人之间的接口，并将其发布在网络上。很快，其他乐高机器人爱好者用他的发现来开发新的编程语言和操作系统，取代了乐高提供的接口。当乐高发现其专有的代码可以在互联网上免费获取时，它的第一个本能反应是让其强大的律师团队去阻止这些黑客们的行为。但通过几个星期的观察，乐高确信，让黑客的创意和激动人心的想法为自己所用是更好的解决之道。乐高没有写"勒令停止通知函"，而是将"破解权利"写入乐高机器人软件许可。很快，一个热闹的乐高机器人的扩展和应用程序世界出现了，包括机器人控制的乐高汽车制造厂、保龄球机器人、魔方求解器、卫生纸夹、汽水贩卖机、泡泡糖分拣器等。硬件大师们创造了新的高品质传感器，这是乐高从来没有想到的。

2005 年，当乐高决定开发下一个乐高机器人版本时，它开始了酷狩猎和酷耕耘。首先，它寻找最忠实和最具创新力的用户。通过网上论坛、邮件列表和乐高机器人粉丝博客,乐高展开了酷狩猎,试图找到被其社区同行们认为是最受人尊敬的、最具影响力和创意的乐高机器人用户。乐高的酷狩猎产生了一个20人名单,通过进一步筛选最后确定了4个人:史蒂夫·海森拉格、约翰·巴恩斯、大卫·席林和拉尔夫·汉帛。

乐高找到了他们,并与他们签署了一份保密协议(这四个人已经从Brickfest知道了彼此,Brickfest是狂热的乐高爱好者的年度盛会,这些人在这里展示他们最高品质的大胆创新)。随后,他们被带到一个安全的网上论坛,在这个论坛上,他们可以通过电子途径互相接触并测试他们的任务。最初他们被蒙在鼓里,不知道自己是否可能被邀请成为乐高机器人下一个版本的早期测试者。大约两个星期后,乐高机器人的主管索伦·隆德加入了他们在论坛上的讨论。当隆德告诉他们,乐高机器人和下一个版本的成品还相距甚远时,他们四个很惊讶。隆德接着解释了乐高创建下一个版本的乐高机器人的过程与思路。为了开发新产品,乐高希望在某种程度上与其领先的用户更加紧密地合作,它之前从没这样做过。他们的目标是创建一个MUP——乐高机器人的用户专题讨论组。他们四个同意做第一个MUP,形成了最初的协同创新网络,与乐高密切合作,参与开发乐高机器人的新版本。

他们四个发誓对乐高的信息能绝对保密后的11个月里,实际上成了乐高机器人的核心创新团队成员。乐高希望机器人的新版本研发完全脱离公众的视线,避免成为关注的焦点,这一方面是因为竞争对手都渴望了解乐高的计划,另一方面也希望新版本能引发一个巨大的轰动。他们四个组成的协同创新网络与隆德及其团队进行了无数次的E-mail交流,在一年一度的Brickfest上碰面,甚至坐飞机到乐高总部讨论了一些新功能。有一个关键的事实是,这四个协同创新网络成员是没有报酬的,甚至需要自己买机票飞往丹麦。乐高只给了他们一些乐高起重机套件和机器人新版本原型。他们四个一致同意:"他们要我们谈谈乐高积木,他们用乐高积木来报答我们!他们确实希望听到我们的意见,不是吗?没有比这些更好的回报了。"[1]

乐高从初期的协同创新网络中汲取了很多专业知识。因创建了另一个版本的 Mindstorms 软件 pbForth 而备受推崇的拉尔夫·亨普尔,帮助乐高开发了新机器人编程工具包。约翰·巴恩斯,因创建一种新型的超声波传感器而著名。当乐高问他是否介意将他的传感器整合到自己的新版机器人中时,他说完全可以,让他们放手去做。还有一个案例,乐高原打算在下一个版本的机器人中使用新型积木,而协同创新网络发现,如果使用这种积木做矩形设计非常困难。所以,乐高依照他们的建议,在原工具包中增加了一个特殊部件来解决这个问题。

与先前的两个版本相比,新版机器人是一个突破性的创新。它不可能延用旧版本的机器人。它不仅使用基本的乐高模块来做积木,也引入了很多更时尚的乐高工艺系列中的同类配件。主要的开发者索伦·隆德想创造一个更易使用的版本,以前版本的主要障碍之一是其复杂性。这种复杂性使得真正的目标受众——儿童仅占机器人用户的一半,其他爱摆弄机器人的用户是海森拉格、巴恩斯、席林和汉帛等这样的成人。乐高还与外部软件开发公司合作开发了易于使用的编程环境———一种类似于 Photoshop 的机器人编程。当乐高的执行委员会成员被邀测试 alpha 的新程序时,他们仅需二十几分钟就可以创建自己的第一个机器人。

为了决定新功能,除了四个核心协同创新网络成员外,乐高还汲取了机器人用户网上论坛的信息。它依赖于完整的协同创新网络、协同学习网络,以及协同兴趣网络组成的生态系统。例如,在网上论坛上,用户抱怨最多的是对一个从 PC 向机器人发送指令的易变的红外线连接的依赖。因此,隆德和他的团队决定用 USB 连接器更换红外线连接器。

直到 Brickfest 会议之后,协同创新网络成员才与隆德面对面会谈,他们一起完成了机器人工具包的基本部件。正如前文所说,协同创新网络成员虽然在机器人新版本开发中扮演着重要的角色,却从来没有收取过报酬。当隆德问他们为什么会这样做时,巴恩斯告诉他:"我这样做是因为它是乐高公司。我不会为另一家公司这么做,被乐高邀请做这些工作是一种荣誉。"[2]

在 Brickfest 之后,乐高扩展了最初的 MUP 协同创新网络,将其发展为一个协作学习网络。10个月以后，另外7个MUP成员加入，扩大了原来四个人组成的协同创新网络，乐高可以从一个由更多领先用户组成的创新者群体学习。又过了5个月，到了2006年3月，乐高放出消息，它在寻找增加约100个MUP成员。乐高从9600个机器人开发者中挑出了第三批100个领先用户，他们不仅一起形成了一个更大的协同学习网络，也组成了协同兴趣网络CIN的核心。

自那时起，乐高一直磨炼自己的酷耕耘技能。它将协同学习网络进一步扩大为协同兴趣网络。2008年7月，乐高在线论坛NXTLOG上的项目超过了6000个（见图6-1）。它做了卓越的社区建设工作，展示了富有特色、最新和名列前茅的项目。

创意用户可以使用LDRAW绘制和设计新的机器人，LDRAW是用户开发的计算机绘图工具，可以利用它访问组装说明、零件清单和其他说明，用于打印或进一步的修改。

用户一直在开发丰富的新硬件。各种类型的传感器，如加速仪、指南针和其他许多部件都出现了。用户在eBay上销售这些部件，乐高积极地支持这些行为。例如，现在由与其密切合作的业务伙伴负责做进一步的开发和销售HiTechnic产品线——乐高主要生产机器人传感器。据乐高说，这种伙伴关系非常有益，商务合作伙伴双方均利润丰厚。

在小范围的技术领域，乐高已经为OLPC——由麻省理工学院媒体实验室创始人尼古拉斯·尼葛洛庞帝创立的100美元笔记本电脑项目（见第3章）——开发出一种机器人的入门级版本。这个版本已经被成功地引入巴西并进行测试，巴西是OLPC的早期用户之一。

六、协同兴趣网络——轰动效应

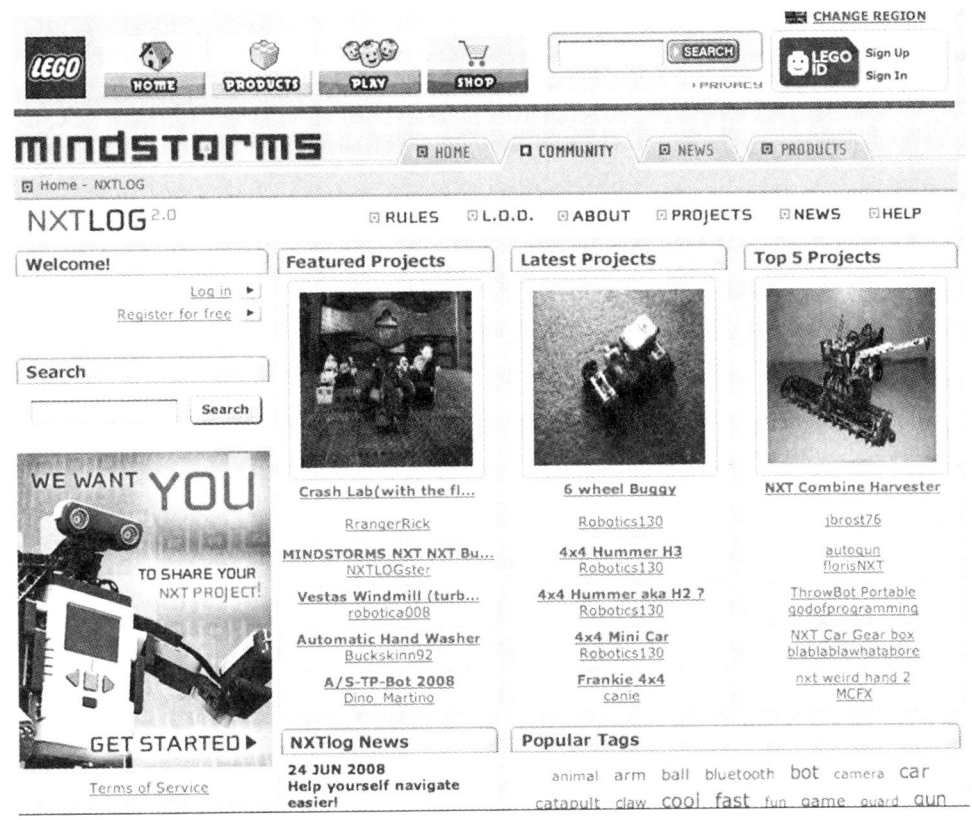

图6-1 Mindstorms网站上的NXTLOG社区页面（2009年，乐高集团）

（经特别许可在这里使用）

从某种意义上说，乐高向机器人黑客开放是鼓励其用户创新的自然发展结果。乐高已成立了一个"自己做"配套原件和设计图的互联网爱好者俱乐部。乐高甚至创建了一个定制化的程序"乐高工厂"，让用户设计、上传并购买他们自己定制的乐高作品。用户可以用乐高数码设计软件设计一个乐高模型，乐高可以将这个模型的积木生产出来并打包运送给这个设计者。用户可以在一个网络相册上炫耀自己的设计，并与世界各地的人们分享。他们可以订购完成设计所需的积木，甚至设计自己的包装盒。乐高利用集体智慧来寻找灵感，建立了大众市场模型的新理念。例如，2006年3月，10个领先用户设计了76种不同的火车模型，产生了一系列的乐高设计产品，并被推向市场。

在区域市场，乐高也采取了这种以社区为基础的教育创新方法。在巴西以 LEGO Zoom 命名的项目中，乐高与上千个公立学校紧密合作，邀请学生参加面对面会议，并通过一个在线社区和网站将他们联系在一起。其目标是，在小学至中学的数学、科学和其他学科教学与研究中，发现乐高积木的新用途。目前，一组以"做中学"方式来节约能量、能源的物理学乐高组建包已被应用于各方面的教学中。

LEGO Brickstructures 是小发明家们和乐高合作新模式中的一个典范。当芝加哥的一个建筑师亚当·塔克，冒出一个新的想法——销售著名的地标性建筑——西尔斯大厦的模型时，乐高没有窃用他的想法，而是与他逐步合作，共同向大众市场推出了第一批次 1250 套产品。

乐高协同创新网络的铁杆粉丝们敢于尝试任何疯狂的项目。目前，乐高机器人论坛上正在热烈地讨论如何让一个 LEGO Moonbot 登陆月球，以赢得 3000 万美元的谷歌月球 X 大奖。挑战月球 X 大奖的目标是为了让私人月球航天器——一个机器人，在月球着陆并在月球表面成功漫步至少 500 米，然后向地球发回一个数据包。论坛讨论对相关问题进行了很好的规划，也已经为大多数问题提供了可能的解决方案。对一个专注的协同创新网络来说，似乎没什么是不可能的！2008 年，该项目正式启动，受到乐高、BBC、美国航空航天局和其他重量级参与者的支持。他们希望 2010 年在地球上测试第一个版本，2013 年至 2016 年完成第一个版本的发射。

> **酷耕耘课堂：授权给群**
>
> 与苹果公司类似，基于协同学习网络／协同兴趣网络的完全不同的生态系统，乐高成功地创建和激发了品牌忠诚度。苹果公司的吸引力大多归功于一个人（乔布斯）的天分，他能读懂其产品目标客户的集体智慧；而乐高的成功则归因于一个愿意担当、极为忠诚的爱好者群体和创新团队，这的确是一个协同兴趣网络。乐高的标识和拉风的车牌只是其忠诚社区的冰山一角。

2. 提高热度——Yummy Industries

利用协同兴趣网络成功实现酷耕耘，并不需要像乐高公司一样有价值数十亿美元的资源。弗朗西斯和伯恩哈德，这两位艺术家和设计师，证明了这一点。

大约十年前，弗朗西斯和伯恩哈德（大家只熟知他们的名字）在洛杉矶的艺术设计大学就相互认识了，并私下成立了一个专业团队。他们一个是瑞士的概念性思想家，另一个是意大利的英裔视觉设计者。虽然他们一直在为其人生生涯酷狩猎新的创意，但从洛杉矶回到瑞士巴塞尔后，他们急切地开始了酷耕耘。他们从来都不缺少想法，只是想法太多以至于很难确定执行的优先次序。就像伯恩哈德向我解释的那样，"这不是为了赚钱，而是有关创意，关于如何将现实和虚拟世界相结合的问题。"

他们从美国回去后，最初的一个项目是做柏林面包黄油国际时装展的艺术家，这个时装展本身就是一个引人注目的酷耕耘案例。面包黄油国际时装展是由克里斯蒂安·格依尔、沃尔夫冈·阿勒斯，以及卡尔-海因茨·米尔纳三个德国人推出的。2000年，他们决定在科隆的一个老工厂举办一个另类的服装设计博览会。这次博览会不仅是一个设计师的服装展示会，更是艺术展示与晚会参半的更为有趣的聚会。从第一天起，博览会就取得了巨大成功。在他们的博览会上，像伯恩哈德和弗朗西斯这样的艺术家、精品店店主，以及兜售商品的大型时尚品牌零售商聚集一堂——这种博览会模式势不可挡。

三个德国人自称是"Noodles"，能拉拢一个庞大的艺术家网络参与他们的博览会。他们把销售和购买时尚产品的形式转变为期三天的晚会，就迅速成了最酷的事情。两年后，Noodles 觉得科隆地方太小，就把面包黄油国际时装展搬到了柏林，在那里，它迅速发展成上千供应商和十万多与会者的规模。再过两年，柏林也显得太小，面包黄油国际时装展就开始在巴塞罗那举行，在这里，它成了一个重要的艺术和商业活动的年度盛会。

> **酷耕耘课堂：组织松散，联系紧密**
>
> Noodles 证明了他们是酷耕耘的专家。他们建立了一个组织松散但联系紧密的团队，由20位艺术家、设计师、照明专家和组织者组成，与数以千计的大宗时尚买家组成的协同兴趣网络进行联系。这个协同兴趣网络群体包括销售服装和时尚产品的小店老板，也包括 Target（泛欧实时全额自动清算系统）等大型连锁零售企业，以及 Gap、Abercrombie & Fitch，和 Liz Claiborne 这样的高档服装连锁店的时尚产品的采购人员。他们有能力将其展会转变为一个很酷的巅峰之作，这一点就足以让他们的群体信服。

> **酷耕耘课堂：创意第一，赚钱第二**
>
> 与此同时，伯恩哈德和弗朗西斯终于以他们的钥匙领带获得突破（见图6-2）。他们响应了"必须打领带"的社会需求——邀请时尚的绅士在他们的裤子口袋里佩上领带，就是像钥匙环一样使用领带。他们的钥匙领带相当成功，以至于他们从二手商店购买成箱的旧领带来做他们钥匙领带的原材料。

图6-2 Yummy 钥匙领带

然而，真正的突破则是他们的艺术腰带。虽然他们的业务 Yummy Industries,除了腰带和钥匙领带之外还生产许多其他不同的产品——这也鲜活地证明了他们永无止境的创造力——但腰带却是真正的摇钱树。当他们在土耳其看到一个标签编织机时产生了这个灵感。当时他们正在拜访一个洛杉矶设计学院的土耳其朋友,他给他们展示了一个服装标签编织机。这台机器不仅能在标签上打印洗涤和熨烫说明,还能将标志织进布料。这使他们震惊,因为同样的技术可以用来在腰带上编织整个图案。这就是他们要做的,伯恩哈德自己做了第一个腰带设计(见图6-3)。

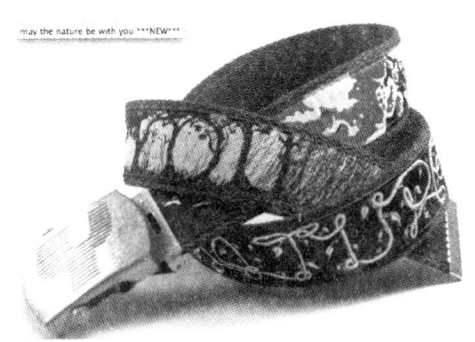

图6-3 Yummy Industries 艺术腰带

他立刻与自己的协同创新网络的艺术家朋友们联系,从一开始他就确信每个人都要参与其中。他想出了一个方案,从第一批200条艺术腰带开始运作,每位艺术家朋友负责推销33条艺术腰带。这迫使艺术家个体也成了微型企业家。当腰带做得越来越成功,需要新的"打印"腰带时,Yummy Industries就会出售所有腰带并向艺术家支付版税。为了设计、生产和营销腰带,Yummies坚持不懈地挖掘他们的协同创新网络(就像伯恩哈德和弗朗西斯为人所知的做法那样)。他们从艺术学校邀请设计师朋友,以及在面包黄油博览会和其他地方碰到的朋友,来设计新的腰带。他们与土耳其的朋友和拥有织布机的土耳其生产商一起合作,调整机器来生产狂野的新设计产品。

伯恩哈德和弗朗西斯还利用巴塞尔的艺术家和朋友组成的网络来制作腰带,并为其包装。土耳其企业家给他们半成品腰带,然后由他们的协同创新网络和协同学习网络做最后的制作和包装。他们联合起来生产腰带头,然后与腰带一起配送给服装店和精品店。他们还直接在他们的网站上销售,生意兴隆。在过去三年里，腰带的销售数字一直呈几何级数增长，把他们从疯狂的艺术家转变为成功的商业艺术家。

然而，他们成功的主要原因是伯纳德和弗朗西斯浸入到了协同兴趣网络中。如果没有免费的 Noodles 以及他们过去曾帮助过的面包黄油博览会创始人支持的话，他们销售腰带就不会获得成功。Noodles 不仅在面包黄油国际博览会上为他们的腰带提供最好的展区，也通过博览会的印刷目录和网站首页提高他们的曝光率。这样一来，通过向他们的客户——购买他们腰带和钥匙领带，并在时装商店销售的服装精品店业主发出蜂鸣声，伯纳德和弗朗西斯建立起了热度。用网上商店和社区支持他们面对面的互动，并进一步让他们与最终客户直接联系，收集反馈意见，并听取他们对新腰带设计的建议。

3. 从创造者到协同兴趣网络
——通过社会网络来实现这个过程

协同兴趣网络不仅让产品到达消费引爆点，还有助于在大公司里面传播新想法。我在以前的《群体创新力》[3] 一书中，根据我自己在德勤咨询的工作经验，介绍了如何进行协同创新，在那里，创造者—协同创新网络—协同学习网络—协同兴趣网络过程被进一步发挥，用以开发致力于协同知识网络（CKN）的新咨询服务。

我在欧洲做电子商务实践主管时，正好是电子商务泡沫高峰期，我体验了群体的力量。一位纽约德勤研究办事处的顾问，名叫罗彬，她产生了一个想法，想要汇集一批旧金山的顾问，来讨论互联网如何支持合作。她的计划是我们大家合作写一个描述热门话题的新趋势的文档，我们称为"E 视野"。

罗彬邀请了各种各样的一组人，包括我的老板凯蒂、全球电子商务业务负责人、我、她自己的老板、德勤研究的负责人，以及她认为一些可能有利于给这个项目带来新视角的其他合作伙伴和顾问。这一群人的合作方式完美地阐释了"创造者—协同创新网络—协同学习网络—协同兴趣网络"过程。

这一过程始于罗彬，她是一个完美的创造者。虽然，她在德勤中的职权地位不是很高，但她建立了一个伟大的人际网络来创造新的想法。即便她不知道哪个人适合做哪个特定的任务，但她能确定谁知道哪个人适合完成自己脑子里的任何想法。例如，她知道，得克萨斯州的德勤分公司里，有个叫阿德里安的高级经理，是非官方的德勤知识管理的"先知"。当罗彬寻找富有创造力的头脑来帮助她完成"E-视图"时，她去了他那里；事实上，是阿德里安把我推荐给罗彬的。

至今我仍清晰地记得旧金山的首次会议，罗彬为她的想法跳了一个完美的摇摆舞。在第一次会议上，我们为可能成为协同知识网络——一个在未来18个月里由新协同创新网络开发出来的概念——构建了蓝图。罗彬选择了一组对开发"E视图"兴奋不已的人。在接下来的几个月中，原来的一些成员，以及一些新成员，几乎每天沟通来发展这个概念。由于预算有限，在初次会议之后，我们主要是在互联网上合作。我们也有双周的网络会议，我们称之为"虚拟棕色包"，在那里通常是十几到一百多个来自各地的人通过网络聚在一起，讨论协作和知识创造方面的最新思维和想法。

在我们的沟通模式中，电子邮件交流相当不错，邮件被分发给所有在赫尔辛基、苏黎世、纽约、旧金山、墨尔本，以及新加坡这些不同物理位置上的成员，因为要参与在线会议会导致有些人不得不半夜起床。为了更好地追踪了解沟通过程，我将电子邮件归档加载到了我们的Condor通讯分析工具中（第7章会有详细描述）。

图6-4显示了这个社区生命中的不同阶段。在最初9个月，我们的团队专注于集思广益，充实了做咨询服务的主要想法和相关的主题——毕竟，作为一个企业，德勤咨询想要依靠我们有效地开发出新的创意。图6-4中的网络图片是自动生成的，基于我和几个同事的电子邮箱中的邮件，这些联系都被加载到Condor社会网络分析工具中。图中的每个点代表一个人，连线表示至少存在一个电子邮件交流，两个人交换的电子邮件越多，连线越短。

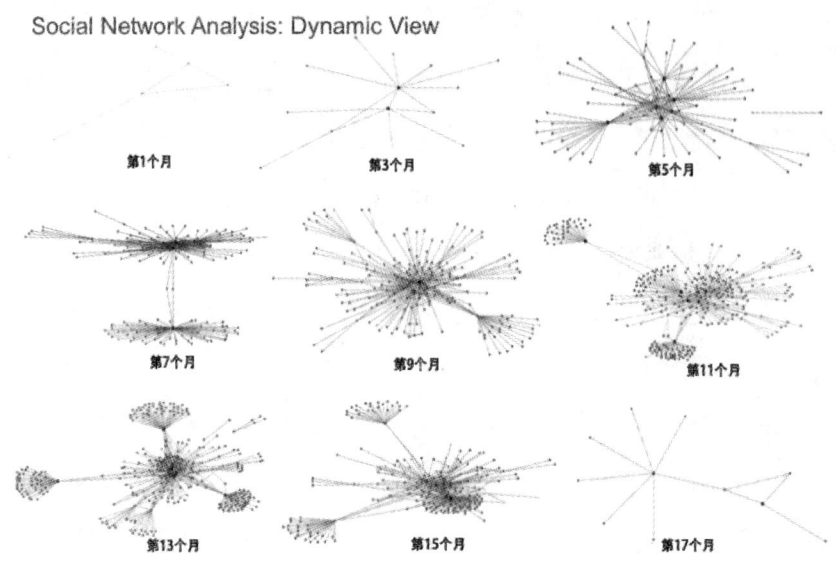

图6-4 协同知识网络社区（CKN）生命中九个阶段的社会网络视图

以虚拟团队形式工作一段时间之后，我们在罗彬的纽约办公室里举行了一次面对面的会议。这时已不再是同一组人了，在此期间有些人离开了公司，也有其他人加入进来，都在努力将这个愿景转变为一个真正的服务。例如，当时有一个来自瑞士德勤办公室的同事托马斯，已经成为社区里的另一个驱动力量。托马斯开始让一些小组开发基于一般概念的咨询服务，而罗彬则在激励大家完成原有的电子蓝图。

从第10个月到第15个月，我们的活动从产生想法转向执行的阶段，重点是开发计划中的新咨询产品——营销小册子、意见领袖文章和分析软件。在这个阶段，根本性的新思路较少出现。在这社区生命周期中的第二阶段，社会网络图片显示社会结构发生了变化，出现新的组织动态，如工作的分权变化，并出现了专门的分组来负责完成指定任务。换句话说，协同创新网络已成长为一个协同学习网络，甚至后来的协同兴趣网络。例如，第9个月和第11个月表现出典型的协同学习网络结构，核心协同创新网络成员处于中心位置，与外围的协同学习网络新成员展开交流。第13个月，协同学习网络进一步扩大为一个协同兴趣网络，在以前的代表协同学习网络成员的外围节点周围，一些小型的活动中心开始萌芽。

意大利南部塞勒姆大学的一位同事马可·迪马乔，对上述电子邮箱中的数据做了进一步分析，探讨人们在他们的电子邮件沟通中说了些什么。马可用不同的子项目主题来过滤通讯内容。最初的"协同知识网络"快速出现后，凭借协同创新网络成员的个体主动性，许多子项目开始涌现。虽然罗彬领导了最初的电子视图的发展，但我在瑞士办公室的同事——托马斯，则开启了"协同知识网络诊断"子项目。围绕在托马斯周围的协同创新网络定制开发了软件，来收集和比较组织协同知识网络（CKN）就绪情况的信息。很快核心协同创新网络之外的顾问们调整了这个工具，用于市场营销和创收。图6-5显示了CKN诊断子项目的沟通网络，说明一个协同创新网络所关注的一个新领域的生命周期——从话题开始，到达其顶峰，再到其消失，与其他电子邮件混淆在一起。

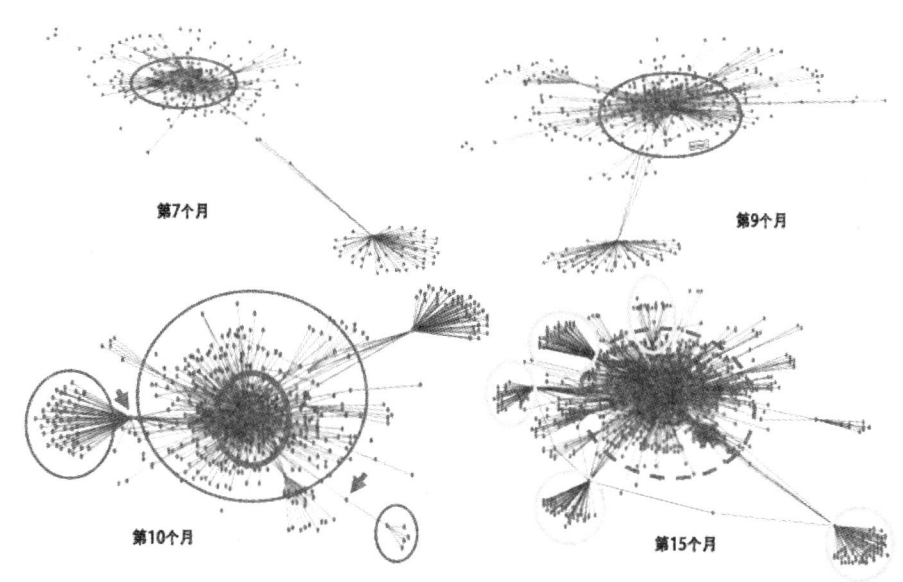

图6-5 新想法的扩散——从协同创新网络（第7个月和第9个月）到协同学习网络（第10个月）再到协同兴趣网络（第15个月）。

> **酷耕耘课堂：沟通模式象征着协同创新网络、协同学习网络和协同兴趣网络的出现**
>
> 如图6-5显示，在协同兴趣网络和协同学习网络的完整生态系统中，可以通过分析讨论内容自动挖掘出一个新的突现的协同创新网络，让其变得清晰可辨。在图6-5中，"CKN诊断"处于第7个月和第9个月的时候，一个新的协同创新网络启动。到第10个月，核心CKN社区之外的早期的创意采纳者们开始使用该产品，这时原来的协同创新网络发展成为一个新的协同学习网络。在15个月的时候，协同学习网络开始发展出一些新的小集群——这是一个新兴的协作兴趣网络出现的典型标志，此时协同学习网络成员开始在现实咨询项目中使用这个CKN诊断软件，同时进行反馈，并向最初围绕在托马斯周围的协同创新网络寻求支持。

4. 协同兴趣网络的五个要领

（1）**给群体授权**。乐高的成功大部分来自一个非常投入的粉丝群体和有创意的团队——这是一个很好的协作兴趣网络的案例。乐高利用群体的知识开发玩具新版本和新模型，鼓励他们发挥与生俱来的创造力。在开发新版本的机器人时，乐高找到了四个最忠实和最具创造性的用户，让他们充分参与到新产品的早期开发中。

（2）**组织松散，联系紧密**。从另类服装设计博览会的想法开始，Noodles创建了一个重要的年度艺术和商业盛会，而不只是简单地展示设计师的衣服的活动。这三个德国人建立了一个由20位艺术家、设计师、照明专家和组织者组成的组织松散但联系紧密的团体，并与由数以千计的大宗时尚买家构成的协同兴趣网络联络。

（3）**先发展理念，然后再赚钱**。伯恩哈德和弗朗西斯为他们的一生酷狩猎创造性的新想法，并最终创立了一个赚钱的生意——Yummy Industries，生产一些另类的产品，如钥匙领带和艺术腰带。伯恩哈德把他的许多艺术家朋友变成了微企业家，让他们设计新的产品，并在成功时分享收益。通过坚持不懈地发挥艺术家协同创新网络的作用，Yummies 展示了超凡的酷耕耘能力。

（4）建立起热度。协同创新网络的成员必须通过许多不同的方式来发出蜂鸣声，让他们的群体确信其想法非常伟大（就像 Yummies 做的那样）。Yummies 的有效方法是做限量版腰带，人为造成一种稀缺性，并把他们自己沉浸在群中。在德勤，罗彬、托马斯和我建立了热度，为我们基于协同知识网络概念的新咨询服务提高兴奋度。

（5）浸入，让群爆炸。COINS 放权给他们最忠诚的用户（像乐高的做法），将自己沉浸到客户群中。当群体被授权后，他们对新产品的热情被完全点燃，会做各种事情来促进和接受新创意产品。

一旦协同兴趣网络认识到协同创新网络的愿景，它就成功达到了引爆点，现在外面的世界可以见到它了。协同兴趣网络是将创新转变为一个真正潮流的关键途径。协同学习网络帮助协同创新网络了解目标受众的想法，即他们认为什么创新很酷，但协同兴趣网络的嗡嗡声和反馈会创造或改变潮流。协同学习网络和协同兴趣网络之间没有明确的界限，就像协同学习网络和协同创新网络之间没有明显的界线一样。相反，人们在它们之间不断交流，就像我们已经在乐高、米格罗、宝洁、Yummy Industries、富士施乐、德勤，以及人人电脑的案例中多次看到的那样。创造者对协同创新网络成员是透明和可达的，同时对协同兴趣网络中的其他人也是一样——这是关键所在。史蒂夫·乔布斯仍然在苹果公司销售自己的每一个新产品。机器人的主要开发人员索伦·隆德，在乐高的网上论坛中尽可能多地与机器人用户接触。富士施乐产品的开发者利用销售人员的协同学习网络与最终用户协同兴趣网络交流。

了解协同兴趣网络的人在做什么，为原协同创新网络成员酷狩猎新的产品理念提供了独特的机会。而且，很棒的事情是，这样的酷狩猎不仅仅局限于协同创新网络成员。相反，由于网络的透明性，每个人都可以使用这种方法，在世界上其他人找到这些潮流之前发现他们。接下来的章节会描述一个模式化的方法，有效应用我们的"创造者—协同创新网络—协同学习网络—协同兴趣网络"过程的知识，通过分析协同创新网络阶段在网上酷狩猎很酷的潮流。

七、酷狩猎：
通过潮流领导者发现流行趋势

正如我们在第 3 章中所看到的，伟大的酷耕耘者通常也是很棒的酷狩猎者。深入了解酷耕耘的过程是酷狩猎成功的关键所在，这也解释了为什么有才华的酷耕耘者也擅长在早期发现新潮流。

通过各类媒体，以及每天与他人的日常接触，我们每天都被来自四面八方的新想法淹没。但是，在这些想法中，哪个将成为一种新的潮流呢？今天你可能会认为，iPod 肯定会成功，它已经遥遥领先于所有其他的 MP3 播放器。然而，即使苹果公司的产品偶尔也会遇到困难。我至今还拥有一款早期的苹果牛顿，它是 20 世纪 90 年代中期苹果公司推出的个人电脑记事本，一直都没有流行起来，而 Psion Organiser 和黑莓则主宰这一市场长达 10 年之久，直到 iPhone 被推出后才有所改变。实际上，有一个关键的成功因素使得 iPod 和 iPhone 有别于所有竞争对手，那就是新产品背后的团队。

酷狩猎意味着在人们发现很酷的趋势之前找到它背后的团队。观察创造性新产品背后的团队能最有效地预测未来的成功。这个概念是我们酷狩猎过程的基础。酷狩猎的基本思想非常简单。找到创造很酷趋势的人，你就会发现新趋势。但要找到这些人不是那么容易。虽然我们已经讨论了创造者的特征，但仅凭表面是很难发现这些特征的。把下一个蒂姆·伯纳斯·李从相同领域的其他创新者中辨别出来是一个巨大的挑战。我们怎样才能知道并预测哪些想法将会实现，或哪些微小的种子会长成树苗，然后变成大树呢？

如果我们想找到明天的大树，就需要寻找今天的种子。在想法的森林里寻找最有希望的种子是酷狩猎的基本原则。每一棵巨大的老树都高高耸立、鹤立鸡群，而较小的树木也是在过去某个时刻从一个微小的种子发芽生长而成（如图7-1所示）。不幸的是，从酷狩猎的角度来看，那里至少有数以百万计的种子。哪些会长成大树呢？

图7-1　酷狩猎——找出未来会长成参天大树的种子

如果创意是要成长为很酷趋势的种子——会长成巨大的古树，那么，具有内在动机的人们携带的种子最有机会成功。他们越是培育和发展这些想法、关心这些想法，而不只是关心自己及自身的利益，他们的想法就更有可能取得成功。这些有前途的种子在协同创新网络上传递，人们将创意的发展置于自身利益之上。如果我们找到了团结集合在一个想法周围的非常积极的团队，而且有成员发出最大的嗡嗡声，我们就发现了未来的很酷的趋势！要更详细地了解酷狩猎是如何运作的，看看如何在一个陌生的城市寻找一个餐厅可能会给我们很好的启发。

1. 酷狩猎汲取了大众、专家和群体的智慧

一次，我和我的孩子们在巴黎待了几天。我们是典型的游客，登埃菲尔铁塔、参观凡尔赛宫、欣赏卢浮宫的《蒙娜·丽莎》。我们住在蒙马特的一个中档酒店，蒙马特是巴黎北部的一个区，以处于其中心的山峰而得名。到了晚上，我们开始酷狩猎好的餐馆。为了物有所值，我们用了不同的策略。

有天晚上，我们随着游客人流前行，直到在蒙马特的山顶上圣心大教堂附近停留了下来。这里到处都是销售绘画作品的艺术家，并为游客提供现场肖像绘画。这里也是一个旅游饭店遍地可见的地方，我们选了其中的一家，这里的食物还行——在巴黎很难找到很难吃的食物——但价格不便宜，花了 70 欧元（约 100 美元），三个人才吃了像样的一顿饭。

第二天，我们决定听从酒店老板的建议，在他最喜欢的餐厅吃饭。这个餐厅价格合理（对一个豪华餐厅而言），食物很棒，我们三个人吃的这顿饭花费了 86 欧元（约 130 美元）。但是，坐在我们旁边的两个德国人整个晚上都在抱怨，因为他们无法在这家餐馆喝到可口的啤酒。我们懂得德语对我们来说并无好处：其他许多游客都是接受推荐来这家餐厅的。

第三天晚上，我们决定跟着我们自己的感觉走。我们在蒙马特四处蹓跶，悄悄观察了许多家餐馆。最后，我们发现一个小小的却人满为患的餐馆，大多是当地人。后来证明，这是一个很好的选择。我们在这个餐厅吃到了非常棒的美食，Villa de Poulot，只需要 45 欧元。

我们在巴黎完成的事情非常简单，就是酷狩猎最好的餐厅。第一天，我们跟着游客人流，最后停留在一个游客迷魂阵里；第二天，我们按照专家意见在一家品质优良但价格昂贵的餐厅用餐。但是，当我们跟随当地人群和我们自己的本能判断找到拐角处的小餐厅后，我们得到了最好的美食。结合这三个输入源——大众、专家和群体——形成了酷狩猎过程的基础。跟随大众告诉我们大的趋势，跟随专家告诉我们趋势的精妙之处，而跟随群体告诉我们到底什么会成为最酷的事情。

在互联网上，嗡嗡声直接反映出来自现实世界的趋势。网络提供了很好的平台供我们了解现实世界里的大众、专家和群体的信息。大型网站及网络版知名报纸，如《纽约时报》《华尔街日报》，告诉我们有关某一主题的大众想法。我们也可以使用搜索引擎，如谷歌或雅虎等，很容易地得到这些信息。

为了得到相关专家的意见，我们可以借助于博客。现在每个领域中有所建树的专家都会有个人博客。个别专家有可能会提供错误建议——像作家纳西姆·塔勒布所说的,专家在50%的时间里是正确的,只是我们永远不知道我们选择的是哪个50%——但综合专家的预测,或许会获得更高的精确度。

要获得群体智慧,我们可以借助于网上论坛。例如,患有某种相同罕见疾病的病人论坛已成为该类患者的信息交流平台;投资者论坛上,小规模投资者热闹地谈论和分享交易信息;电影论坛上聚满了影迷。在线论坛的类型非常之多,没有限制。结合网络上的大众智慧、博客上的专家智慧、网上论坛的群体智慧,可以对将要发生的事情进行预测,结果惊人得准确。表7-1以足球、股票价格和一般的新产品为例,说明了这个过程。

表7-1 通过分析大众、专家和群体的智慧来酷狩猎
足球比赛结果、便宜的股票,以及酷炫的新产品

	足球	影响结果	股票	影响结果	新产品	影响结果
大众	观众	欢呼更好,更响亮	潜在投资者	评价好,买股票	潜在的买家	评价好,买产品(网络)
专家	教练、裁判	训练更好,判断更好	金融分析师、记者	评价好,推荐股票	市场分析师	推荐产品(信息博客)
群体	足球队	发挥得更好	员工、股东	更好地工作	员工、客户	产品(网上论坛)

要预测一场足球比赛的结果,我们需要结合观众、教练和足球队的表现进行分析。观众构成了人群,它的欢呼声越高,球队会发挥得越好,但对这场比赛胜负的影响是有限的。教练的能力更为重要,至少足球俱乐部的总裁这么认为,这就是他们出资雇佣最好教练的原因。然而,对足球比赛结果影响最大的是球队本身,或者说是群体。俱乐部的总裁肯定也这么认为,因为明星球员通常比明星教练的薪水高得多。

同样,也可以结合大众、专家和群体的智慧来推测一个公司的股票价格。如果潜在的投资者——大众,看好某个公司,他们会推动股价上升。金融分析师和新闻记者等专家也能影响股价,总体而言,他们通过建议买入或卖出来操纵股票价格。但对股票价格影响最大的是公司的员工——群体,如果他

们工作很棒,公司会做得很好,我们可以从公司论坛,甚至是其内部电子邮件存档中了解他们的想法。

我们以网络为基础的酷狩猎方法,是通过搜寻网络和了解大众、专家和群体在网络上的想法来模拟实现这个过程。如果我们有机会获得公司的企业电子邮件归档,并比较该公司员工之间的信息沟通结构,就会得到关于该公司经营状况的很多信息。如果我们发现高度协作的团队和协同创新网络,就会预测该公司未来的成功和良好的业绩。但迄今为止,大多数公司不愿与我们研究人员共享这些数据。然而,在MIT的项目中,我们已经幸运地与数十家公司合作,从而有机会分析很多通讯记录,查看电子邮件、博客访问量和网上论坛。在最近的一些项目中,我们甚至使用了社会标记——由麻省理工学院媒体实验室的桑迪·彭特兰和他的研究生发明的用来衡量人与人之间面对面互动的工具。我们使用传感器评估微观层面上的沟通与互动,捕捉谁对谁说话,谁看着谁,谁是兴奋或无聊的,并在较长时间段里持续收集这些信息。

利用这些通过多种方式收集的沟通交流记录,分析知识型员工团队之间的互动,让我们找到了那些知识工作者中的协同创新网络、网络中的星星和星系。像协同创新网络结构一样沟通,逐渐成为协同学习网络及协同兴趣网络,是事业成功一个强有力的指示器。人们之间沟通得越多越可能成功。[1]

不幸的是,分析新产品或新股票走势的组织邮件数据不容易获得。因此,我们需要寻找其他可公开访问的通讯数据,来分析大众、专家和群体的想法。幸运的是,网络是提供这种信息的巨大资源库。我们将网络与聪明的搜索引擎网站结合起来,可以发现大众的想法。通过自动地挖掘投资分析网站、新闻网站和投资者博客,我们可以发现专家的观点。而且,我们可以在网上投资者论坛,如"雅虎财经"、"愤怒的公牛",或Motley Fool上面发现群体意见。使用和组合这些不同的数据源,可以非常准确地预测公司未来的成功。[2]

表7-1的最后一列描述了一般情况下大众、专家和群体如何影响新产品的成功。分析网络上新产品买家的想法,基于大众的集体汇总的意见,这是发现未来成功的第一个指示器。通过分析博客对于某个新产品的说法来了解

网上博主的想法，可以得到这个新产品市场表现的另一个指示器。每一个风险投资人都知道，新产品成功与否的最好指示器是看它背后的团队。不幸的是，企业电子邮件档案不易获得，所以这个分析很难完成。然而，可以通过跟踪新产品的客户和员工，即群体在网上论坛的讨论来获取他们的观点。因此，结合分析这三个来源——大众、专家和群体的信息，会对新产品很可能会在哪方面领先给出一个不错的说明。

在过去的五年中，麻省理工学院和达特茅斯学院的研究人员开发了一个软件工具，称为 Condor，[3] 可以监视网络上的活动，以分析和预测大范围的趋势，如未来的股票价格和选举结果。Condor 成功地预测了 2008 年美国总统选举结果、意大利政党内部选举、2008 年后续的国家政治选举、股市波动的结果，以及谁将赢得奥斯卡奖。

要了解 Condor 的工作方式，让我们先看看它是如何测量网络上某个特定主题的嗡嗡声。Condor 以一个搜索词开始，如一个政治候选人或公司的名称，并运行谷歌、必应、雅虎搜索，Condor 就会获取最热门的搜索结果，并把它们插入数据库的搜索字段中，在其开头加上"链接"这个短语。然后，搜索引擎送回那些链接到原始网站的站点，接着 Condor 会将这些站点重新输入到搜索引擎。Condor 为所有它发现的网站（即使它们不包含原有的搜索词）构建链接视图，并通过它们所包含的链接找到从一个网站链接到另一个网站的最短路径。一个网站在站点链接之间出现得越多，其中心度的得分较高。Condor 为所有的网站计算中心度平均值，从而得出原来搜索项的总得分。这个得分为搜查的信息提供一个知名度指标。

该系统不仅可以分析网页短语，同时也可以分析博客和在线论坛：我们再次构建社交网络——这次不是网站的，而是博主或围绕特定主题发布网上信息的人的社交网络。通过与对方博客的相互链接，他们为对方的博客文章提供支持。再次将所有这些链接结合在一起，系统就能够提取处于最核心位置的博客文章。对网上论坛而言，一个新博客被其他发布信息者响应的速度和频率可以衡量其重要性。例如，在 2006 年 12 月，我们使用这个系统来比较当年的电影。我教授的一门课的一组学生分析了互联网电影数据库EVEDB.com网上论坛的信息交流。他们预测的得分最高的八部电影中，五部得了奥斯卡奖，另外两部获奥斯卡提名，只有一部没有受到奖励或提名。[4]

我们酷狩猎的另一个方法是挖掘人们的电子邮箱，对于这种做法，很多人举起了保护隐私的大旗。然而，我们已经为发布这类信息的活动制定了规范。在过去的六年里，我们已经分析了许多组织的电子邮件档案，如德勤咨询公司的电子邮件档案等（第6章）。为了克服了人们最初不愿公开他们邮箱内容的障碍，我们制定了一套指导方针。在我们的研究项目中，我们只同每一个相关的个人分享其见解，而不是同那人的老板。在企业项目中有所不同的是，由组织决定隐私保护政策，并符合当地的法律。在美国，人们可以选择不参加这样的项目；在欧洲，他们不得不参与相关项目。在开始一个项目之前，我们尽可能地向项目参与方公开告知相关目标、政策和应用的程序，而且最重要的是，告诉他们对他们有哪些好处。在过去的项目中，我们分析了银行营销团队成员、底特律汽车公司工程师、意大利研究实验室的研究人员、欧洲全球高科技公司高管，以及波士顿一家医院的护士之间的沟通交流，这只是其中的几例。

现在，让我们来看看一些具体的案例，以便更好地了解如何用Condor来找到潮流引导者，预测很酷的趋势。

2. 酷狩猎美国总统候选人

2008年5月，希拉里·克林顿、巴拉克·奥巴马和约翰·麦凯恩三个美国总统候选人正处于竞选之争。5月5日，奥巴马所在的以黑人信徒为主的教堂的牧师——耶利米·赖特，就美国黑人和白人之间的关系问题发表煽动性言论。当天上午，对其言论的反响立即反映在三位总统候选人的博客热门话题分数上（见图7-2），这对奥巴马的影响非常不好。可以看出，在第二天的核心得分中，牧师的煽动性言论所造成的伤害破坏了奥巴马在博客圈中的地位。自2008年3月我们开始跟踪他以来，他的得分（浅灰色）从来没有这么低。尽管所有三名候选人的分数都有所下降，但相对而言，希拉里·克林顿似乎出现了反弹（深灰色）。

同时，网络上的讨论似乎表明，这种破坏并不是特别糟糕，奥巴马仍然处于领先地位（与其在"真实世界"民意调查中的结果一致），但由于博客预示着事情发展的方向，这确实为奥巴马和与之对抗的牧师划清界限敲响了一个警钟，他随后便这么做了。

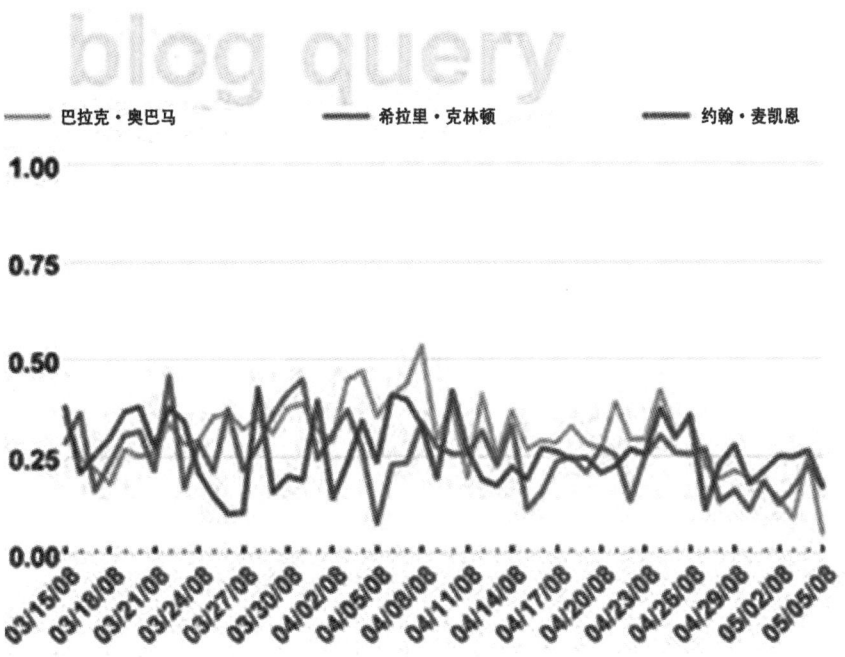

图7-2　酷狩猎三位总统候选人：希拉里·克林顿、巴拉克·奥巴马和约翰·麦凯恩的博客讨论的分数（2008年5月5日）

这些热门话题的分数是如何计算出来的？如图7-3所示，各候选人的中心性是通过测量社会网络计算出来的，社会网络构建于搜索引擎查询得到的链接（如上节所述）。2008年3月29日，奥巴马和麦凯恩各自的热门话题份额为40%，而希拉里·克林顿占20%。每天重复此计算过程，得到图7-2和图7-4中的曲线，描述了从2008年3月到2008年5月底博客讨论的得分曲线。

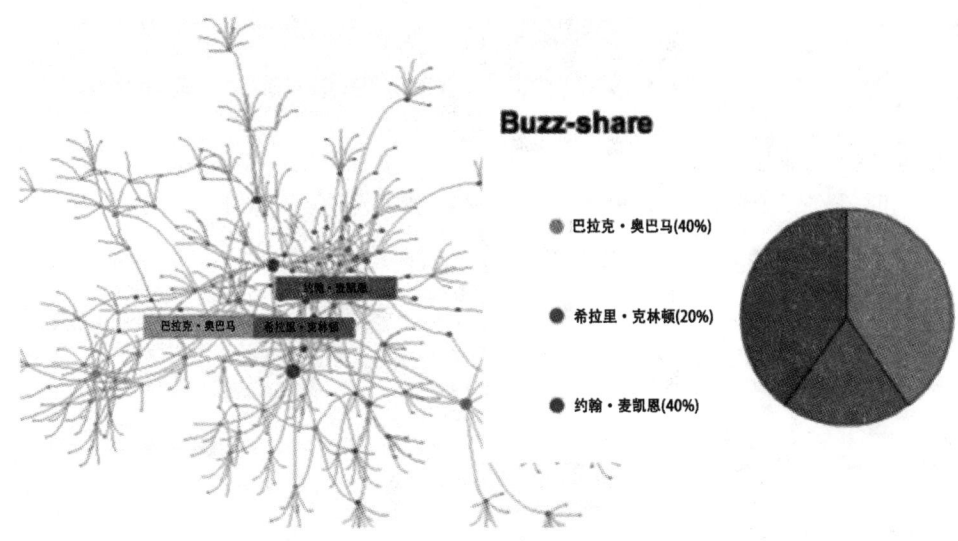

图7-3 谈论巴拉克·奥巴马、希拉里·克林顿和约翰·麦凯恩网站的社交网络（2008年3月29日）

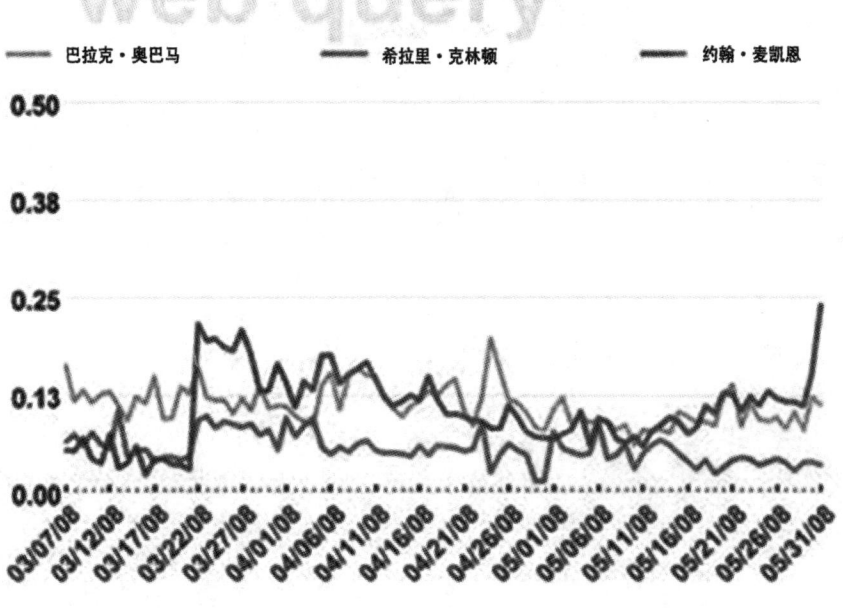

图7-4 酷狩猎三位总统候选人希拉里·克林顿，巴拉克·奥巴马和约翰·麦凯恩的网络热点讨论分数（2008年5月31日）

虽然希拉里·克林顿尚未认输（她在 3 天后即 6 月 3 日宣布失败），但至少从网络热门讨论级别来看，她的明星地位明显无法与奥巴马的魅力匹敌，她的讨论热度得分在 3 个月前已经预计了其后来的失败。另一方面，酷狩猎的得分也很好地说明了克林顿和奥巴马之间的长期战斗是如何伤害到民主党候选人的。在 3 月初，约翰·麦凯恩（John McCain）赢得了共和党的提名，此后不久，他的网络得分迅速上升，如图 7-4 所示 3 月 22 日左右黑线急剧上升。奥巴马的得分或多或少地与其保持在同一水平上，偶尔下降或反弹，而希拉里·克林顿却一直在下降。

众所周知，美国总统选举投票是不准确的，但我们基于 Condor 的监控网络的酷狩猎工具提供了一个获取信息的速度更快、成本更低的方式。在 2008 年前 6 个月的大部分时间里，在民意调查中，奥巴马一直领先于竞争对手约翰·麦凯恩 3—6 个百分点。这远低于参议院选举的民意调查中民主党领导人领先共和党 15 点的数字。

许多分析人士称，奥巴马呈个位数领先优势的一个潜在原因是他的种族问题。这是一个微妙的话题，美国人在公众场合似乎不敢承认，因此会在民意调查时撒谎，就像当人们被问及去教会、运动，或饮酒时会说谎一样。当有人被问及是否定期去教堂时，56% 的人回答是肯定的。而匿名调查时，只有 25% 的受访者讲自己定期做礼拜。当面询问他们是否经常锻炼时，58% 的受访者声称他们这么做。当匿名询问时，这个数字下降到 35%。当被问及是否经常饮酒时，53% 的人匿名回答说他们经常饮酒；但当面询问时，只有 39% 的人承认经常喝酒。

这种回答和投票时的不一致，让人怀疑是否人们在被询问是否会投票支持一位黑人总统时并没有说真话。看来，我们的基于网络的酷狩猎系统可以提供一个更诚实的答案。做一个 Condor 的酷狩猎，比较 2008 年 8 月 7 日到 8 月 18 日围绕约翰·麦凯恩与奥巴马的讨论，讲述了一个与民意调查差异很大的故事。

如图 7-5 所示，对奥巴马来说，至少在网络上并不看好。谈论约翰·麦凯恩的网站比谈论奥巴马的网站影响力更大,那些谈论麦凯恩的网站比谈论奥巴马的网站之间的链接更好。虽然差异并不大,但我们知道,在美国总统选举中,有时一个细微的差别就可以使结果完全不同。Web 和投票哪个说的是实话?依我们的观察,网络经常可以预测到后续的民意调查和选举会发生什么事情。事实上,在 2008 年夏末,在民意调查中麦凯恩胜出奥巴马取得了领先,直到日益严重的金融危机再次将幸运之轮转向了奥巴马。

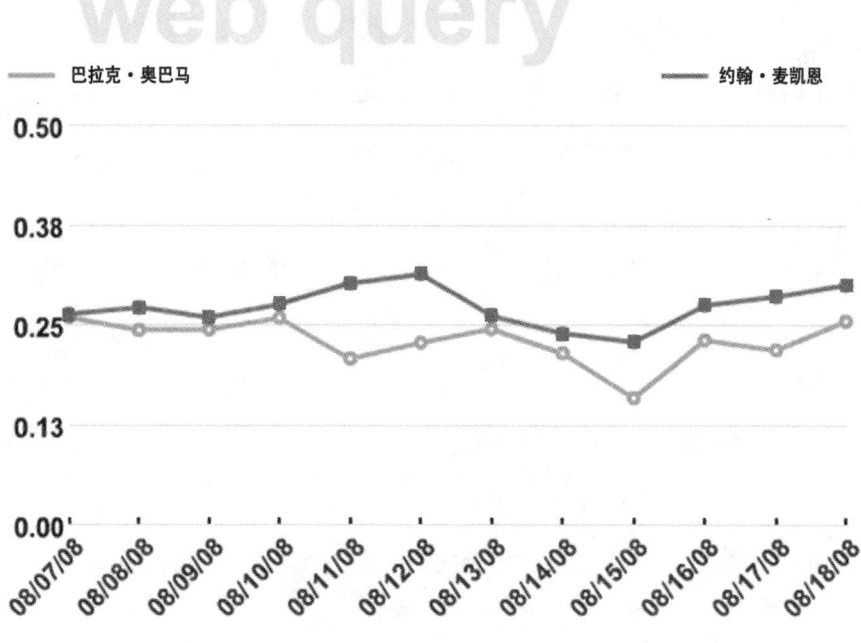

图 7-5　围绕巴拉克·奥巴马和约翰·麦凯恩的网上讨论（2008 年 8 月）

图 7-6 显示的是在 2008 年 11 月 4 日美国总统大选的那一天网上博客上的讨论情况。民主党候选人奥巴马战胜了共和党候选人麦凯恩获得选举胜利,他在选举投票中取得了压倒性优势（365 票对麦凯恩的 173 票）,在民众投票选举中奥巴马占到 53%。图 7-6 中左上角窗口中显示了重要的博客,如 HuffingtonPost.com 或 PowerLineBlog.corn 上的每分钟新帖发布数量的变化。不过也可以清楚地看到整体趋势。在积累图中,图 7-6 右上方窗口中,在 9 月开始奥巴马的博客讨论级别一直高出麦凯恩。

七、酷狩猎：通过潮流领导者发现流行趋势

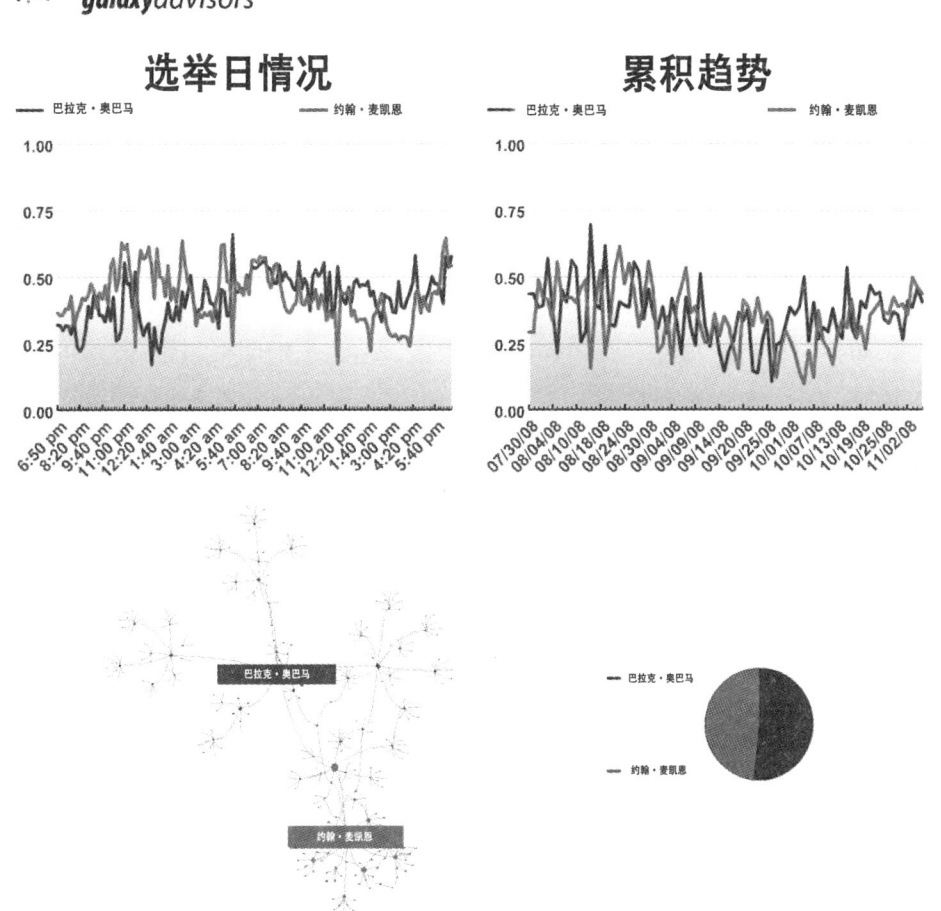

图 7-6 选举日（2008 年 11 月 4 日）巴拉克·奥巴马和约翰·麦凯恩的博客讨论情况

在图 7-6 中，同样，左下图显示了博客文章的社交网络。谈到麦凯恩的博客形成一个更为紧凑的集群，最底层是一个紧密相连的结构。链接到奥巴马的民主党的博客扩散得更为广泛，同时也表现出更少的互联链路，反映了支持奥巴马的选民的政治兴趣更为广泛。右下角的饼图显示两名候选人的相对重要性，奥巴马的 53% 对麦凯恩的 47%。请注意，这个相对重要性与候选人的民众投票百分比完全一致。

3. 酷狩猎品牌价值：费德勒时代的终结

在 2008 年夏天，在另一个酷狩猎项目中，我们考察了关于世界上最好的网球选手的网上讨论。我们比较了对一直排名第二的球员纳达尔，以及排名第一的罗杰·费德勒的宣传情况。当我们开始酷狩猎时，纳达尔处于接替费德勒成为头号种子的边缘。在 2008 年 6 月的巴黎公开赛和 7 月初的温布尔登网球公开赛这两场历史性的比赛中，费德勒输给了纳达尔，纳达尔已为在 8 月 18 日取代费德勒的位置并成为世界头号种子做好了准备。

正如你所预料的那样，在最初的 11 天里，纳达尔的网页讨论超过了费德勒（图 7-7）。奥运会开始时，有关费德勒的讨论很快超过了纳达尔，他在那里非常受欢迎，是夺金热门选手（像纳达尔一样）——直到 8 月 13 日，在四分之一决赛中，他对阵詹姆斯·布雷克时失手。随后，到 8 月 17 日，纳达尔再次领先，这时费德勒的冠军头衔即将转向纳达尔，使得对他们二人的讨论均有增加。

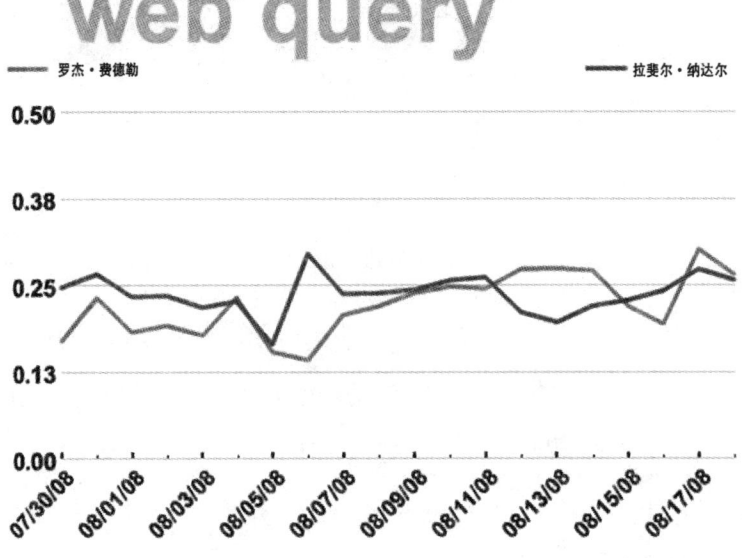

图 7-7　费德勒和纳达尔的网络讨论对比（2008 年 7 月 30 日至 8 月 18 日）

2008年8月中旬,出色地保持了4年半战绩的费德勒结束了他的辉煌。但至少在Web讨论中,他从头号种子转向第二位的过渡期仍可以保持其地位。这些曲线不是来自任何调查,而是来自对那些谈论费德勒或纳达尔网站的分析,并通过其他网站指向这些网站的链接来"投票"决定它们的权重。这意味着,虽然费德勒不得不将头号种子球员称号转给纳达尔,但他的品牌价值(例如潜在的赞助商)仍毫无掩饰地保持着高位——这对费德勒来说确实是个好消息。

4. 为什么世界上最有影响力的知识分子是一个伊斯兰神职人员?

2008年上半年,超过50万人在网上投票推选世界顶尖的知识分子,这是由英国杂志《外交政策和展望》组织的一个互联网投票。其目标是要得到仍然健在的知识分子前100位排名。2005年做过这种排名,当时的结果显示,最有影响力的知识分子是诺姆·乔姆斯基和安贝托·艾柯。

这一次投票前期,马里奥·巴尔加斯·略萨、加里·卡斯帕罗夫和阿尔·戈尔领先。但随后,有人组织了支持土耳其伊斯兰传教士法土拉·葛兰的运动,这使他获得了轰动性的胜利,成为世界上最有影响力的知识分子。

据《外交政策和展望》报道,土耳其发行量超过70万份的最著名的报纸《时代》,成功地将其读者凝聚起来支持法土拉·葛兰。然而,印尼、保加利亚、马来西亚的其他报纸也推出了类似的活动,但收效甚微。

下面是《外交政策和展望》列出的排名前12位的知识分子(括号中的数字是该人在2005年的排名,如果他们在2005年排名中没有出现则括号中为星号*):

(1) 法土拉·葛兰(*)

(2) 穆罕默德·尤努斯(*)

(3) 优素福·卡拉达维（56）

(4) 奥尔罕·帕慕克（54）

(5) 艾察兹·阿赫森（*）

(6) 哈立德·穆萨（*）

(7) 阿多卡里姆·索罗什（15）

(8) 塔里克·拉马丹（58）

(9) 马哈茂德·马姆达尼（*）

(10) 希林·伊巴迪（12）

(11) 诺姆·乔姆斯基（1）

(12) 艾尔·戈尔（*）

当西方媒体报道这些排名时，众多人声称这次排名活动并不能反映出现实世界的真实情况。我们来看看用Condor进行酷狩猎会告诉我们什么信息。在这里，图7-8和图7-9是结果图，只比较了由五名知识分子组成的一个子集

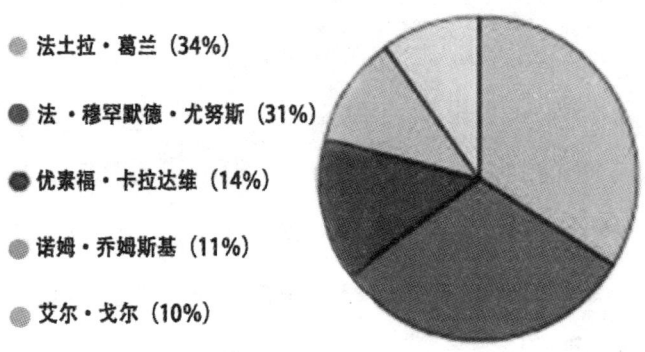

图7-8 世界上最有影响力的5个知识分子的排名

令人惊讶的是，我们的酷狩猎完全证实了2008年《外交政策和展望》的民意调查中的排名[5]，虽然最初我们只是分析了百名公众人物中的五个。在《时代》新闻网站上，没有一个顶级网站为法土拉·葛兰"投票"。因此，《外交政策和展望》投票很可能真实地反映了全球的知识分子影响排名，因

七、酷狩猎:通过潮流领导者发现流行趋势

为发展中国家正越来越积极地应用互联网,其中穆斯林人口占很大比重,或者他们至少喜欢有机会故意踢一下山姆大叔的胫骨。

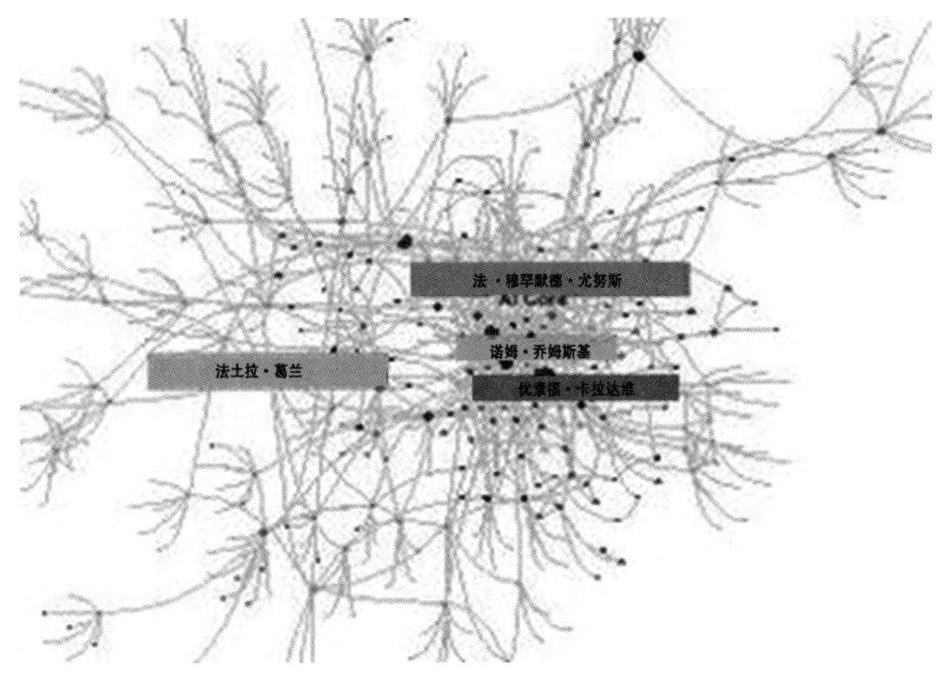

图 7-9　给法土拉·葛兰"投票",使其成为
世界上最有影响的知识分子的网站的蛛网图

后来,我们为全部 100 个知识分子做了详尽的酷狩猎,取得的排名与《外交政策和展望》的投票结果略有不同,其中德国哲学家哈贝马斯取得了第一名,其次是法土拉·葛兰。图 7-10 显示了知识分子之间错综复杂的关系网络,这使得我们几乎不可能跟踪个体的链接,但还是可以测量每个知识分子的重要性。

(1) 法土拉·葛兰 (34%)

(2) 穆罕默德·尤努斯 (31%)

(3) 优素福·卡拉达维 (14%)

(4) 诺姆·乔姆斯基 (11%)

(5) 艾尔·戈尔 (10%)

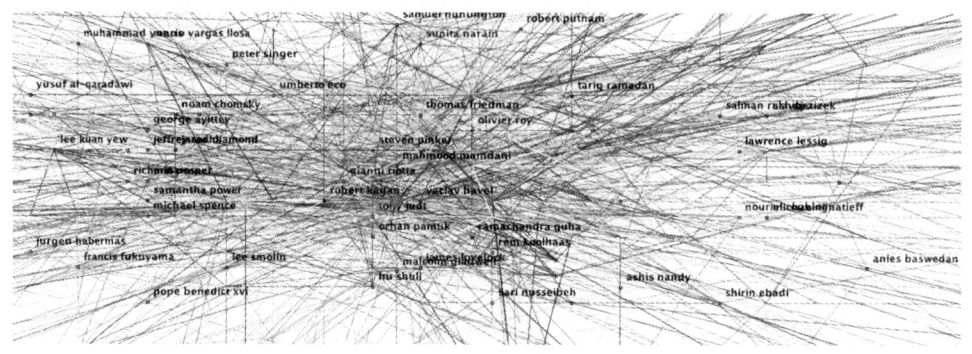

图7-10 100个世界顶级排名的知识分子的在线社会网络

但是，这个结果的出现也可能是因为我们的酷狩猎是在网上投票结束约一个月后做的，而且，正如我们先前所看到的，大众群体的思维变幻无常，可以在瞬间改变。

5. 预测2007年奥斯卡金像奖

除了预测品牌的优势和政治选举外，我们还曾成功地预测过奥斯卡金像奖的结果。为了预测2007年奥斯卡金像奖，科隆大学的一个学生团队分析了互联网电影数据库（IMDB），尤其是查看了在线奥斯卡论坛上的讨论强度，人们在论坛上谈论哪些演员、导演和电影可能会赢得奥斯卡金像奖。

学生们还检测了"Reviews and Previews"论坛上的一般性讨论，来预测电影的票房收入。他们建立了自己的方法——基于个体在论坛上发帖产生的回应量的大小构建了一个人际社会网络。如果某人的帖子引起相当大的回响，那么这个人就会成为社交网络的中心。然后学生们将发帖者在社交网络上的位置与其帖子内容结合起来，不管这些帖子的内容对特定影片的评价是积极的还是消极的。例如，其中一个评价是"我觉得《加勒比海盗》是一部伟大的电影"，会为预测这部电影的首映日票房增加一个积极评价。

观察人们在互联网电影数据库论坛上讨论的积极或消极的语言，并结合近似反映其影响力的社会网络位置，使得我们在电影正式首映之前的一个星期就能够准确地预测一部电影可能达到的盈利水平。

应用相同的思路和方法，学生们预测了一部电影是否可能获得奥斯卡奖。他们为在互联网电影数据库的奥斯卡在线论坛上讨论最热门的 25 部电影做了九项奥斯卡奖预测。他们的预测非常清晰地显示，领跑者是《无间行者》，这部影片后来确实荣获了 4 项奥斯卡大奖。在预测的其他 8 个电影中，有 4 部赢得了奥斯卡奖，3 项获得了奥斯卡奖提名。请注意，这些预测是在奥斯卡奖提名揭晓前的一个多月进行的。此外，关于电影的讨论强度也与其奥斯卡奖项目的"品质"相一致，获得最佳影片奖和最佳导演奖和两个"小"奥斯卡的《无间行者》，比囊括最佳编剧和最佳男配角两项奥斯卡奖的《阳光小美女》的网络讨论要多。这很好地对应着现实世界的不同奥斯卡奖项的排名，其中最佳影片奖比最佳男配角奖的声望要高出很多。

6. 预测股票走势

用于预测选举结果、奥斯卡获奖，以及电影首映日票房收入的方法也可以用来预测股票的价格。特别的是，我们将雅虎财经等投资者的论坛、博客，以及互联网上的热点话题的变化与股票价格的变化做了比较，见图 7-11：

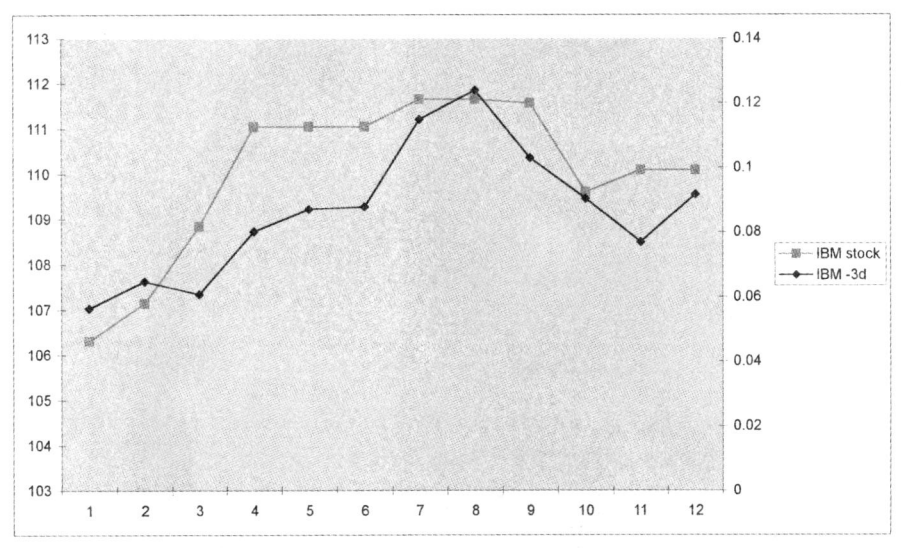

图 7-11　IBM 的股票价格和网络、博客上关于 IBM 的热点讨论之间的相关性

（注：灰线是十二天的股价，黑线是在同一时间段内 Web 的讨论强度。）

图7-11显示了网站和博客讨论的波动与IBM股票价格的波动之间的相关性。我们使用复杂的匹配算法动态地结合了论坛上的讨论、博客、网站上热点话题的数量,获得了几乎是平行的曲线,这个结果给予我们的信息远远高于一次偶然机会的分析。

7. 使用社交徽章预测人们的行为

桑迪·彭特兰,麻省理工学院媒体实验室的一位教授,一直与他的研究生一起共同开发了一系列的"社会微观范围",他称之为"社会徽章"。社会徽章(如图7-12所示)结合了一个蓝牙传感器来测量佩戴者的相对位置,一个用于分析佩戴该徽章的人是否正面相对的红外传感器;一个测量佩戴徽章的人的兴奋度的加速表,以及一个微型手机,来测量佩戴者的讲话音高,作为评测兴奋水平的另一个指示器。

图7-12　社会徽章

桑迪和他的学生们使用这些徽章已经能够预测人们在会议上是否关注发言者，而且可以判断在短暂的约会中，两个人最终是否会交换电话号码。与桑迪和他的学生们一起，我们用这些社会徽章在一个更为细化的人际交往的层面上识别社会互动网络，而不是仅仅挖掘电子邮件、博客和在线论坛。其中，我们分析了一个德国银行的 20 名员工的互动，以及波士顿地区教学医院的护士之间的互动。

在德国银行，市场营销部门的 20 名员工一个月连续佩戴着徽章。我们通过徽章收集互动数据，将其与基于已交流的电子邮件构造的社交网络进行比较。结果显示，处于 E-mail 互动网络中心和处于面对面互动网络中心的人是不同的。例如，部门负责人在面对面的社交网络处于非常核心的地位，显然他是一个"巡视员"，一个不断与他所在团队的成员亲自交谈的人。另一方面，该部门的秘书完全处于面对面交流网络的外围，但处于 E-mail 网络中心的位置。

但是，通过将面对面互动网络与 E-mail 社交网络结合分析可以发现更为有趣的事情。解释社会徽章读取到的数据，使我们能够预测人们的性格是内向还是外向，是否神经质、和蔼可亲、乐于接受新事物等。我们将五个不同的团队的水平结合起来分析，可以找出富于创造性以及不那么富有创意的团队。[6] 对于银行这是非常有价值的，因为其中的一些团队，比如其中一个开发新市场营销活动的团队，正在寻找有创意的人，而只需提供电话支持的团队不需要有特别的创意，而是需要和蔼可亲的人。

我们还发现了一些非常重要的作为信息沟通者的人员，但是，结果显示，他们大部分时间都逗留在自己的办公室里。由此，根据我们的研究，银行能够基于员工实际的优势和劣势重新调整其职位。另一个有趣的发现是，特别外向的人很难找到交谈伙伴，人们更乐意选择性格内向的人和适度外向的人作为聊天伙伴。

我们在不同的环境中重复做了这个实验——在波士顿地区医院的麻醉

监护室（PACU）。这家医院的PACU每天都会有来自手术室的80例病人，大概有十几名护士照顾这些患者，直到他们恢复意识，并且可以带回他们自己的病房。在持续一个月的时间里，69名护士、护士助理、麻醉师和住院医生都佩戴着我们的社会徽章。我们的第一个发现是，除了护士长和护士团队领导外，一些资深护士虽然没有正式的官职，但在PACU的成功运作中处于非常核心的地位。

我们的目标之一是要为在PACU高压力环境下工作的人找到减压的方法。我们每天询问他们感受到的压力水平，他们认为他们工作有多高效，在一天结束的时候他们感觉自己有多幸福。结果显示，人与人之间面对面的交流越多，他们感觉到的压力就越小。这意味着，只是简单的交谈就可以带走员工们的压力。然而，关键的一点是，对方也需要面对谈话者。当我们只计算员工与其他人交流数量的多少，而这些交流没有得到回应时，人们感觉自己讲得多反而会增加压力。另一方面，护士也认为，自己在工作日如需讲很多话，就感觉更有效率。我们的建议是：花时间与其他人进行个人层面的倾听和交谈，在你讲话时看着他们，这将会减轻自己的压力。同时我们也建议，医院要注意设计任务和空间布局，以降低更大的员工群体之间非自愿的互动，特别是像在PACU这样高互动、高压力的环境中。这也将有助于员工减轻压力。

我们也希望发现是否有办法使得PACU的效能更高一些，因此，我们测量了病人在PACU康复至回到自己的房间时的平均滞留时间。结果显示，PACU更为层级化运作的时候——由一些高级负责人管理——运作更有效。这清楚地说明了一个营销团队与PACU之间在沟通方面的差异，在营销团队中创意是十分宝贵的，而PACU则是高吞吐量的环境。对于创造性的任务，分散的、直接的方式沟通是最好的，但对于高吞吐量的任务，由几个负责人层级化的沟通方式更好一些。

我们开始这一新的研究领域刚满一年，对这些社会微观层次的探索还处于早期阶段，我们希望获得更多有关个人和团队生产力和创造力的见解。在一本新书《诚实的信号：他们如何塑造我们的世界》中，[7] 桑迪·彭特兰筹划了一个广泛的应用，其中社会徽章或许会带给我们前所未有的新启发。

在看完酷耕耘通过寻找有创意的人来发现、测量和预测发展趋势的这个实际应用过程后，最后一章将试图回答一个我们之前没有解决的根本性问题：为什么人们愿意为协同创新网络的利益和成为酷耕耘者而放弃个人的福利？

八、是什么激励着酷耕耘者？

我为人人，人人为我。

是什么推动着人们进行酷耕耘？人们为什么要开启一个新趋势？为什么要加入一个协同创新网络？为什么会有兴趣了解协同创新网络的产品？为什么会买进一个协同创新网络的事业目标，从而帮助一个新趋势到达其临界点？这些关键问题是酷耕耘的核心所在。

让我们先听一下酷耕耘的伟大榜样之一——李纳斯·托瓦兹，是怎么谈论这个问题的。在一次接受记者采访时他说，他的激励因素是"好玩"、"名气"和"感觉良好"。依照托瓦兹所说，"最优秀的程序员，编程的最大动力不是期望得到报酬，或是得到公众的钦佩，而是编程本身的趣味性"。[1] 这句话的意思是，他们喜欢自己正在做的事情。动力来自从事自己喜爱的活动，以及其所做所为与环境协调时产生的内在喜悦。当然，因为他们擅长于自己正在做的事情，公众也会钦佩他们，这会使他们更加努力地工作。但他们不会把这看作努力工作，而是趣味，是在最有意义地使用自己的有效时间。

在未来，托瓦兹认为，人们的激励因素有三个："生存"、"社会生活"和"娱乐"。加入一个协同创新网络通常不是为了生存，而是为了"娱乐"，或者，依托瓦兹的话意，是寻找生活的目标和意义。娱乐不只是意味着玩电脑游戏，还包括非常认真的努力，就像是寻找一条去月球的途径。与相似的——志同道合的其他灵魂在一起，也包括了李纳斯·托瓦兹的第二个激励因素——"社会生活"，与其他人一起工作，作为一个群体创造新的东西，是协同创新网络成员本质性的激励因素。

八、是什么激励着酷耕耘者？

1. 酷耕耘者表现出集体性和公共精神

要研究我们为什么会或如何喜欢群体创造新事物，让我们来看看芬兰人，这不仅是因为李纳斯·托瓦兹来自芬兰，也是因为芬兰人喜欢以群体方式完成一切事情。芬兰一直是一个非常成功的小国家，在过去的 30 年里，它已经成为世界上最富有和教育水平最高的国家之一。研究芬兰人为什么喜欢群体工作能够回答这个基本问题："让蜂巢生存和成长的最成功的基因是什么？"自然的同质化的成员组成的蜂巢，为研究一个新群体的诞生建立了一个良好的试验场。

芬兰是世界上互联网最为普及的国家之一，同时相似度也相当高，很有可能是由于他们的母语——只有芬兰人说芬兰语，以及他们的地理位置——处于欧洲的北部边境。他们是热切地使用博客和社交网络的用户，他们是 LinkedIn 的早期使用者之一，他们热衷于使用其他社交网络工具，像 Facebook 等。他们甚至创造了一个新名词——"Yhteisöllisyys"，指购买高科技产品以获得归属于他自己选择的数码部落的权利的人。"Yhteisöllisyys"来自单词 yhteiso，意思是芬兰的"社区"或"社会"。但是，依我理解，集体性对社区而言不仅是一个芬兰单词，它代表了人们组成社区的倾向。这些芬兰社区是人们自我选择的群体，他们从归属于虚拟社区，分享相同的激情——无论是对足球或是对一个高科技的小玩意中，来感受到一些生命的意义。

成为一个虚拟社区的一部分还远远不够，最重要的是成为虚拟社区中的一名活跃会员。常常令人惊讶的是，芬兰人热衷的东西往往很快会成为一种趋势，此后在欧洲其他国家或美国也会流行。当我试图找到一个简便的单词来翻译 Yhteisöllisyys 时，我的芬兰朋友非常认真地帮助我，最后建议用"集体性（Communality）"，我立即采纳了。但是，即使这个词也没有真正很好翻译出原词的概念，似乎也不能找到真正确切的翻译。但有一点是明确的：芬兰人喜欢以团队方式做一切事情，而且社会内部的相互信任度非常高。

当我和芬兰朋友在一间餐厅用餐时，我一直对他们支付账单的习惯惊诧不已——芬兰餐馆老板只接受名片而不是信用卡，之后会给名片所有者寄发一张付款通知。对一个陌生人——虽然是在芬兰人社区内活动的人，信任到这种程度，在其他大多数地方是不可想象的。由于集体性，芬兰人努力成为他们所选择的部落的信誉良好的成员。为了保持良好的信誉，他们会表现良好，比如，这意味着有义务向餐馆老板及时付款。

在德国，也有一个词来描述社会责任：公共精神，意味着具有公共精神。拥有公共精神的人会以社会利益为先，自身利益为后——就像蜜蜂的行为。要成为一个社区的成功一员，拥有公共精神的人不仅需要智商（IQ）和情商（EQ），也需要有"群体智慧"。协同创新网络的成员同样也要有第三种形式的智慧，或是集体智慧（CQ），这涵盖了我们作为一个群体中能干的一员的能力。CQ与EQ不同（见图8-1），包括性格特征，诸如愿意授权给所在团队、既支持与自己一致的观点同时也愿意接受别人的不同意见、处理他人事务时公平公正、接受和给予建设性批评和建议等。

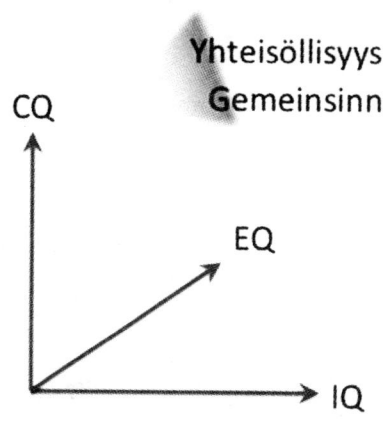

图8-1 从IQ到CQ

举一个群体性和公共精神如何有利于社区建设的案例：比较一下意大利南部和瑞士对待清除垃圾的态度。在过去的30年里，那不勒斯市一直被淹没在垃圾里,而瑞士则以其异常的洁净而富有盛誉。在意大利,尤其是在南方,人们只信赖家庭成员,而社会信任度非常低。著名学者弗朗西斯·福山称这种现象为"意大利的儒家思想"[2]。那不勒斯市有30个地区(或街道),一个地区似乎不愿意接受另一个地区的垃圾,"人人为己"似乎是他们的座右铭。在2007年,所有人都可以看到、感觉到和闻到这种做法的后果,垃圾充满了那不勒斯市。垃圾堆积如山,越积越多,因为没有任何地区愿意成为整个城市,甚至是相邻地区的垃圾场。在意大利南部,污染过于严重,以至于其主要的出口产品之一马苏里拉奶酪也被污染了,因为奶酪产自家养水牛的牛奶,而水牛吃的草也被垃圾污染了。这种以自我为中心的态度造成的结果就是,奶酪不能再被销往国外。

与那不勒斯的状况相比,瑞士在大部分的时间里都非常洁净。瑞士的孩子们在学校里会被教育这样的意识:如果你在街上扔垃圾会给他人带来不便——你违反了公共精神,你要与社会分享环境。一个人如果为了自己的方便而随手扔掉口香糖或糖纸时,就破坏了所有人的环境。我在赫尔辛基也发现了对待清洁的同样态度,在那里,每天早上一大批小型街道清扫车用水冲洗街道,最终的效果是大家都能享受到更清洁健康的环境。公共精神有益于每一个人,包括那些致力于建设"公共精神"的人。

我们不必费多少力气就能在商业世界里找到这种社区导向甚至沉浸社区的行为榜样。大公司,如苹果、耐克和思科,正试图成为表现良好的企业世界公民。个人方面极为成功的案例是奥普拉·温弗瑞。奥普拉的读书俱乐部运作良好,因为她不会从她的图书推荐中谋利,相反,她会推荐她认为对她的读者们有益的读物;她没有提出对相关的作者、出版者,或她自己(从作者或出版商获得分成)有什么好处,而只是想到对她的读者有什么益处。当然,对读者有益,相应地会给作者和出版者带来好处——图书销量上升,最终也会给奥普拉带来好的影响,因为这有利于她建立自己的品牌,作为一个高品质书籍的公正裁判员,提高、丰富美国公众的口味和知识。

将你的商业模式原则建立在集体性和公共精神的基础上,完善和满足所有利益相关者的需求，不仅包括企业所有者，还包括员工和客户。例如，不同于传统零售方式采取的提成或规定任务的"精明"方法，苹果专卖店给他们的销售人员支付固定薪金，结果苹果销售成果辉煌。没有了销售压力，苹果专卖店员工对待顾客的态度会更加轻松和友好，大大提升了客户的购买体验，使得苹果商店成为美国最赚钱的店铺（按每平方米获得的收入计算），是离其最近的竞争对手盈利水平的两倍。基于集体性和公共精神的群体性企业利润可以是非常高的。

2. 酷耕耘者坚守工作伦理

成功的酷耕耘者坚守严格的道德准则。模范酷耕耘者的工作伦理，如开放源程序员，与由德国社会学家马克斯·韦伯定义的新教伦理完全不同，马克斯·韦伯认为，工作努力和尽职尽责，让上帝高兴，是每个社会成员的责任。相对而言，一个开放源代码程序员的职业道德，包括灵活的工作时间、创意，以及对所从事工作的激情，这样的伦理规范使得个体不屑于对其所取得成就的金钱奖励，而是更喜欢被其他开放源代码程序员们称为 Egoboo，得到同行们的钦佩。

基于自组织方式开发新产品的工作伦理如此有效的主要原因，可以用一个词概括——透明。计算机、互联网、博客、维基，以及社交网站可以增加事物的透明度。在互联网时代早期，一个著名漫画《纽约客》描述了一只狗坐在一台电脑前，告诉另一只狗说："在互联网上，没有人知道你是一条狗。"现在这种情形已经完全改变了，因为今天的网络社会是完全透明的。

在一个媒体主导的世界里，人们玩花样就会更快地暴露，由此，道德行为的一个新定义产生了。50年前，已故的肯尼斯·莱，安然公司前任 CEO，可能不是被作为一个企业的小人，而是被当作一个高创新度公司的英雄和创始人写入历史书。但是，这种行为不会再被隐藏并逃脱惩罚了。安然公司的电子邮件清晰地表明，肯·莱非常清楚他公司中主要负责人的不道德行为，与他自己所讲的话和被到处印发的安然道德准则背道而驰。[3] 今天的领导人就不能只是口头声明，而要亲历而为，做出有道德的行为，以符合工作伦理的方式对待他们的利益相关者。

道德行为不仅不会带来处罚，反而会带来可观的回报。作为一家公司，在与客户、员工和供应商的交往中符合伦理道德是值得的。来自西安大略大学的雷米·特鲁德尔和琼·柯特研究了人们是否愿意为以符合道德水准的方式生产的商品支付更多的金钱。[4] 通过一系列实验，他们发现，如果人们知道咖啡和纯棉T恤的生产者要价合理，其材料的制作过程"绿色"环保的话，他们愿意为其支付额外费用。

值得注意的是，特鲁德尔和科特将商业道德行为定义为：与包括消费者在内的所有利益相关者保持良好关系，确保员工被雇用并获得公平合理的报酬，生产运行过程符合道德规范，原材料环保，人权得到尊重，在海外工厂也没有使用童工。消费者愿意为以符合商业道德水准的方式生产的咖啡支付10%—15%的溢价，然而他们会要求以不符合商业道德的方式生产的产品给予相比同样商品价格20%的折扣，以此来惩罚这些奸商。相对于一般的消费者，具有特别高的道德期望的人愿意为以符合商业道德水准的方式生产的咖啡再支付20%的溢价。

协同创新网络领导人的结论是，他们没有选择，只能采取符合道德规范的方式。如果这样做，他们将会获得一个高性能的协同创新网络。如果不这样做，他们的协同创新网络成员会用脚来惩罚他们，离开协同创新网络。维基百科的资深编辑的案例说明了当一个成员打破了协同创新网络的规范准则的时候会出现什么状况。

3. 协同创新网络需要"警察"

　　蜂箱有蜜蜂门卫，防备法律和秩序被破坏。他们阻止入侵者，甚至为了保护他们的群体而不惜牺牲自己的生命。人类的群体中也存在一些类似的角色，一些成员为确保协同创新网络以高度的道德标准在一起工作。就像蜜蜂一样，如果人类群体有自封的"警察"来确保所有协同创新网络成员遵守其道德准则的话，在酷耕耘新发展趋势时就会更为成功。

　　滥用信任不是一个好主意。如果发生这种情况，群体中的警察就会开始行动。看看下面的案例。前一段时间，在维基百科的贡献者中，有关"Essjay"假身份产生了大的骚乱。据《纽约时报》报道，一个非常活跃的网名为"Essjay"的维基人编辑了数以千计的文章，假装是一所私立大学的一个宗教学终身教授，但实际上他是一个24岁的年轻人，曾在一些院校学习过。

　　这次骚乱并没有太关注Essjay对自己身份的伪装。相反，维基百科社区所不能容忍的是，Essjay在他的文章内容发生争议时，使用了伪装教师身份的影响力。例如，捍卫一个编辑决策时，Essjay写道："这是我经常要求学生学习的内容，我以自己的博士学位保证其公信力。"不幸的是，他做得太过火了，维基社区难以接受，实际上，Essjay因其假身份伤害了自己，最终被迫退出。

　　这个教训很简单：不要假装你很能干，至少不要在网络上装，因为网上社区的透明性会展现事情的真相，而且通常迟早都会暴露出来。（"在互联网上，没人知道你是一条狗"已不再现实）。Essjay打破了维基百科的道德准则，所以他最终不得不付出代价——他被迫离开了自己选择的在线社区。但这个案例仍然回避了一个问题："为什么Essjay不怕麻烦投入这么多的时间和精力来制造他的虚拟身份？"答案很简单：他想成为所在社区里的受尊敬甚至是领导者的成员。但试图通过说谎来达到这个目标不是一个好主意，而且在一个协同创新网络中肯定不是。幸运的是，对协同创新网络中遵守规范的成员而言还是有个好消息。如果我们是协同创新网络中行为端正的一员，坚持其道德准则，这种行为将使我们更加快乐。

4. 酷耕耘者很快乐

我们都希望自己是幸福的,协同创新网络成员和酷耕耘者也不例外。所以现在的问题是:是什么让我们感觉幸福?幸福研究人员布伦诺·S.弗雷[5]发现,最能让我们感觉幸福的活动之一是与朋友们在一起,每天往往要花平均2个小时的时间。最使我们不快乐的事情是与自己的老板在一起,平均而言,我们每天要花到2.5小时;还有做家务,每天1个小时;工作,每天7个小时;上下班,我们每天平均花1个小时40分钟。

协同创新网络成员处于一个非常好的状况,因为他们能够安排自己的日程来达到最佳幸福状态。而在一个普通的朝九晚五的岗位上,我们难以决定谁是我们的同事,谁是我们的老板。协同创新网络成员则幸运得多。他们由于自我选择和自组织其工作和角色,能够选择自己的团队和老板。因此,他们在工作时间,以及与他们的老板在一起时会感到非常快乐。如果工作都虚拟化了,是网络团队的形式,他们就没有必要上下班。他们多半也把自己的协同创新网络同事当作朋友,这使得与他们的互动非常快乐。协同创新网络唯一不能帮忙的事情是难以令人愉快的家务。难怪酷耕耘者很快乐!

幸福研究人员还发现,我们作为个人,如果能够帮助其他人,或向其他人表达自己的感激之情,就会感觉更快乐。有趣的是,人们在达到一定的舒适程度后,即使积累了更多的财富,也不能使他们更加快乐。一位普通的百

酷耕耘课堂:每个协同创新网络成员都值得被公平地对待和尊重

协同创新网络有任人唯才的工作文化,每个人都被公平对待,他们提供了一个高度协作的工作环境。人们在协同创新网络中的角色分配取决于他们的技能和能力,而且由于互联网的透明度,每个人都可以看到对方的实力,从而产生了一个快乐的工作环境。

万富翁并不比一个生活小康的人更幸福！一般而言，如果人们比与之对照的人拥有更多时就会感觉幸福。这就能解释为什么东德人在柏林墙倒塌之前更快乐，虽然就绝对数字而言，他们在社会主义社会时比他们今天拥有的要少得多。在过去，相比其他东欧的波兰和保加利亚等国家，他们是小康水平。德国统一后，他们成了穷亲戚，虽然在绝对数字上看比以前富有了很多，但相比于西半边的表兄弟，他们感觉比以前更穷了。

在荷兰鹿特丹大学[6]的一个项目中，研究人员发现，丹麦人和瑞士人最幸福，而乌克兰、津巴布韦和坦桑尼亚人最不快乐。在被评估的95个国家中，最富裕的国家之一——美国，在幸福排名榜上仅列在第17位。为什么呢？美国虽然人均国民收入高于丹麦和瑞士，但收入分配不均。相对而言，丹麦和瑞士更好地照顾了弱势公民，甚至有一种负所得税，一个人如果收入在贫困线以下，他不仅不需要纳税，甚至还能从政府那里获得额外的国家补偿金。

由此可见，民众的不同群体之间幸福感差异越小，整体的幸福感就越强。这意味着，能照顾到每一个人的社会会更加快乐。一个社会如果层级化严重，则意味着具有不同权利和不同层次财富的有差异的社会等级，会使社会的整体幸福感降低。关爱群体是一件好事，这样一来，照料者会成为更快乐的人。

群体商业和协作创新网络的结论是显而易见的：快乐是协同创新网络成

> **酷耕耘课堂：让协同创新网络成员成为自己命运的主人**
>
> 瑞士人比大多数人更幸福的另一个原因是，他们觉得自己更能掌控自己的命运。瑞士拥有最直接的民主政体，公民每年在国家、州和地方一级多次投票决定大量议题。相比而言，在美国的民主制度中，公民通常只能选出他们的代表，但不直接影响行动，除了偶尔公投。当然，美国公民可以写信给他们的参议员，但也不能保证参议员会按照他们所希望的方式投票。在直接民主政体中，公民可以自己掌握权力，以他们想要的方式投票，甚至为他们希望改变的问题要求一次公民投票，开启一次全民公决。协同创新网络的功能非常像瑞士式的民主，人们做自己的决定，掌握自己的命运。

员合作的主要动机之一。只要协同创新网络成员是快乐的,他们就会留在群体里并提供卓越的工作。关心群体,给群体放权,让群成员决定!当一个快乐和高性能的群体存在时,那么,你,作为群体的发动者,将达到你的目标,而且会感到快乐。

5. 酷耕耘者是无私的

要弄清楚为什么酷耕耘者是利他的,让我们再回头看看蜜蜂。蜜蜂研究人员在解释为什么蜜蜂个体将蜂巢的利益和福祉置于自身利益之前,在蜂巢需要的时候甚至能最终牺牲自己生命方面意见不一。有一种基于进化论的说法是:蜜蜂会通过自己的牺牲增加它基因库的生存机会。另一种解释只是简单地说,蜜蜂个体把蜂巢利益看得高于一切,是因为这最终对它也有好处:一个运作良好的群体是蜜蜂所期望的最有利的环境。虽然我不是蜜蜂专家,但第二个解释对人类酷耕耘者来说意义重大。他们明白,达到他们个人目标的最好方式是把群体的目标置于自己利益之前,因为,最终也将最有利于群中的每个成员。

我们崇拜榜样的利他主义行为。为什么哈利·波特在短短几年内席卷了全球,成为一个全球现象呢?原因是,乔安妮·罗琳做了一个伟大的工作——为小学生和青少年组成的目标群体描绘了一个完美的榜样——一个潮流引领者——哈利。哈利是他们"其中的一员",一个十几岁青少年努力效仿的榜样。同时,他是一个受人摆弄的失败者,要争取生存。在他的魔法社区,他是最受尊敬的男孩。他是具有所有缺点和弱点的人类,但也具有令人难以置信的勇气和胆量,保护弱者,并通过打败邪恶的伏地魔试图让世界变得更美好。总之,他的行为具有利他主义的元素。在一个群体世界中,哈利·波特的利他行为,为领导提供了一种模式。有趣的是,这样的行为不仅在 J. K. 罗琳的幻想世界中获得了奖励,在日常生活中也已被证明是成功的。

在一系列的数学建模实验中,哈佛大学教授马丁·诺瓦克[7]发现,利他主义确实是值得的。达尔文进化论解释了为什么兄弟姐妹的互相帮助能提高他们的基因库生存的机会。但是，诺瓦克发现，合作个体间有直接互惠、间接互惠和网络互惠时更成功。在一系列的比赛中，他发现，如果人们互相对实际或想象的犯规动作进行处罚，最终会导致大家的不和。从长远来看，对他人更宽容，对自己也更为有益。明确了利他主义的重点，诺瓦克说，合作社团的小组成员把整个组的福祉置于其个人福利之前，表现明显好于自私自利的团队，同时也让组内每个成员获得更高的福利。

下面列出一个令人印象深刻的名人榜，他们出于天性已经将诺瓦克的发现运用到自己的个人行为中。当苹果推出了新型 iPod——iPod Red 时，它招募了波诺和奥普拉来推出该产品。[8] 波诺和奥普拉都是弱势群体所熟悉的声音。波诺是 U2 乐队主唱，也是最知名的流行歌星之一，他用自己的名气来帮助发展中国家。奥普拉·温弗瑞帮助受虐待的儿童，建立了贫民区学校，改善学习，并让美国民众回归阅读。苹果公司希望将自身与这些偶像以及他们所做的善事联系在一起，在苹果产品和消费者身上擦上利他主义的味道。而且，并不是只有苹果公司这么做。摩托罗拉与波诺和奥普拉合作推出了一个专门的 Razr 手机的 Red 版本，同样利用与善事的关联来销售其热门产品。

明星演员布拉德·皮特和安吉丽娜·朱莉为使我们的世界更美好所做出的努力也是众所周知的。他们从饱受战争蹂躏的非洲亲自收养孩子，安吉丽娜是联合国难民署的亲善大使。罗杰·费德勒，可以说是有史以来最好的网球选手之一，他的名声不仅来自他卓越的球技，也因为他爱帮助别人。他是公平竞争和举止良好的一个榜样，也积极参与到帮助弱势群体和穷人的活动中。这些名人参与到让世界变得更美好的活动中，也因此得到了个人利益。通过拯救地球和帮助弱势群体，波诺、奥普拉、布拉德，安吉丽娜和罗杰等人都增加了自己的品牌价值。这意味着，他们也提升了自己的底线，在参与企业的营销活动时要价可以更高。

为了举例说明非利他行为对每个人都不利，让我们再次到非洲看看。2007 年肯尼亚的总统选举结果说明了如果侵犯"获得权力需要放弃权力"原则会发生什么事情。直到近期，肯尼亚还一直是一长串腐败的黑非洲国家名单中与众不同的亮点之一，尽管不够完美。但是，后来的总统姆瓦伊·齐贝吉，通过明显的欺诈，谎称获得了多数选票，这次选举舞弊引发了部落战争。选民在自己的胜利被骗走后，现在要通过武力来要回自己的权利，导致像齐贝吉这样的同一个部落成员之间的大屠杀。如果齐贝吉当时放权，多数选民也会愿意接受某种权力的分配安排，肯尼亚的所有当事人就会好很多。

当我从瑞士往加纳学校航运旧电脑时，我曾有机会比较瑞士和加纳社会的不同信任级别。从苏黎世航运 15 台捐赠电脑到阿克拉港口我花费了约 800 美元。把电脑从阿克拉港口弄出来我又花了 700 美元，包括雇用一个我所需要的服务代理——有人告诉我，需要代理来管理复杂的港口处理过程。剩下的钱用于货运公司、仓库和海关的结算费用，以及其他各种费用。这些计算机从港口放行的过程用了 5 天时间，在服务代理雇员的陪同下从一个到另一个官员的办公室。设计这个过程的目的是防止人们欺骗、逃脱国家规定的各种费用。这个案例说明，在像加纳这样信任缺失的社会，交易成本之高与之

> **酷耕耘课堂：协同创新网络成员的利他行为**
> **既为他们自己也为他人谋取利益**
>
> 在高利他主义层级的社会，人们把社会利益置于自己的需要之前，人际信任度很高。高信任度的好处是降低了交易成本。在一个信任水平很高的社会，不需要复杂的高成本的执法系统。在模拟实验中，学者艾里斯·伯纳特和布鲁诺·弗雷已证明了这一点。在一个有趣的实验中，[9]他们发现，很高信任度或非常低的信任度的主体之间签订合约时，其遵守合约的概率比只有中等水平信任度的都更大。换句话说，如果处罚力度很大或者根本就不处罚，对合同遵守而言是最好的策略。这一发现直接表明：（1）一种情况是，在一些国家中，如果不遵守合同，就给予严厉的处罚，这样人们普遍都不会犯规；（2）另一种情况是，像在芬兰的村庄里，每个人之间相互熟悉，那么羞耻就成为违反合同的惩罚。

很不相称。增加社会内部的信任，将大大提高加纳商业过程的工作效率。

格莱珉银行（Grameen Bank）的小额贷款，由诺贝尔和平奖得主穆罕默德·尤努斯创建，建立在相互信任原则的基础之上。贷款人不用交抵押品，但是，如果他们不偿还贷款的话，就会因丢面子而公开蒙羞。一个社区的公共精神和集体性越多，社区内的信任度越高。社区成员拥有的回旋余地越多——社区给他们的信任越多——社区的成员就会越是在意对这种信任的破坏。但是，一旦成员们建立起信任，社区内的合作将是非常有效的。利他行为不仅对社会有益，也对企业有利。

丹麦的加热和冷却设备制造商丹佛斯证明，利他原则同样可以为商业带来很大的利润。丹佛斯已经在这个市场上打拼了 70 多年，但多年以来，它已经越来越多地采取以社区为导向的方法，重新将其定位为可持续发展技术的领导者，并且成绩斐然。这是在坚持迎合所有利益相关者，股东、员工以及客户和来自世界其他地方的各种需求。它甚至还提供了一个郁郁葱葱的实验科学园区，称为"丹佛斯宇宙"，在那里每个人都可以了解与丹佛斯相关的技术和科学的现象，并为公司提供宝贵的用户反馈。利用这个公园，丹佛斯为自己的员工及客户，如乐高，举办创新研讨会。在像波士顿科学博物馆一样的活泼轻松的环境中，用简单的方法把丹佛斯产品采用的技术现象解释给孩子们。同样的实验也可用于激励丹佛斯工程师的创造性。

> **酷耕耘课堂：协同创新网络中的信任度越高，运作就越有效**

以给儿童们赞助建立这个科学园区的形式，把利他主义与极有创意地为公司开发新产品的方法结合起来，真是一个伟大的做法。这再次表明，投资于利他行为也会给投资者带来好处。举个反面的案例看看，在汽车行业，通用汽车的债券被降至垃圾级，而丰田却成了世界上最有价值的汽车公司。通用将其赌注押在耗油量高的悍马和越野车上，以优化自己的短期利润，而这种车型只是为了满足大男子主义者的驾驶乐趣。与此同时，丰田汽车将自己定位为绿色技术和可替代能源领域的领导者。在过去的几年中，通用汽车公司的短期的以自我为中心的态度造成了灾难性的后果。相反,丰田对环境和绿色技术以及可持续发展的承诺得到了丰厚的回报。最近,丰田在投资大货车方面存在一些缺陷,特别是 Tundra 车型。但是,与通用不同,丰田迅速采取了行动,把资源从生产 Tundra 转向更多地生产混合动力汽车。而且,生产环保产品对环境有利,从而对投资者底线产生了非常积极的影响。

> **酷耕耘课堂:照顾社区**
>
> 正如我们已经看到的那样,利他行为对社会中的每个人都有利。模范协同创新网络成员,如李纳斯·托瓦兹或蒂姆·伯纳斯·李,的确一贯表现出很高层次的利他主义。不过,利他主义有利于群中的每个人,而不仅是有利于核心协同创新网络成员。低交易成本、有效沟通、愿意分享信息以及高度信任是高效协同创新网络的基石。

我们的村庄、城镇和城市是人类群体的自然聚集地。现在,我们越来越聚集在巨大的交通拥堵的城市中。如果回首看过去这 50 年的发展,就某种程度而言,大部分迅速发展的事物都处于城市中心。所以,我们别无选择,只能在大城市重新创建本地社区以使这些空间更宜居住。基于 Internet 的工具的支持,如社交网络,我们可以在曼哈顿或马尼拉数以百万计的人中找到"和我们相似的人"并与之合作。

群体创造力和自组织有无与伦比的能力,可以帮助世界成为一个更美好的地方。由于我们面临严峻挑战——人口增长、全球饥饿、宗教的不容异己、气候变化,以及政治、思想和文化的冲突——人类需要获取尽可能多的帮助。群体创造力、协同创新网络和酷耕耘为巨大而深远的变化提供了新的机遇。作为一个无可救药的乐观主义者,我希望,如果不是在今天,那至少从现在开始的几代人之后,每个人都将成为主宰自己命运和幸福的主人。正如上述,幸福来自自主精神,以及一个人掌控自己未来的那种感受——如果个人可以决定自己加入什么群体,然后积极工作来重新定义和塑造他们的群体目标的话,一切都会变得更加美好。

后　记：
我们需要的不是首席执行官，而是首席创意官

虽然当今的企业领导人仍然被称为行政总裁（首席执行官），基于协同创新网络的组织领导者更应该被称为首席创意官（CCOS）。行政总裁把自己的重点放在执行上，而不是放在创造上。他们聘请管理顾问来为他们创建新的策略，然后他们"执行"。行政总裁们从美国或欧洲名列前茅的商学院那里得到自己的工商管理硕士学位，在那里，他们学习到了管理和领导才能。这意味着，他们都以同样的领导方式，遵循在商学院里灌输到头脑中的"最佳做法"、蓝图和规则。商学院要求他们学习不计其数的"个案研究"——完成最成功的事情的"正确方式"。毫不奇怪，他们像旅鼠一样，遵循管理大师的教导，直到2008年各自掉入金融危机的深渊，摇摇欲坠、相互拉扯，到达了破产的边缘。

我设想的是一个完全不同的领导风格。新的领导风格不是基于"最佳做法"，也不是基于如何执行一个"正确的方式"的菜谱说明，而是基于创造力——个人创造力和群体创造力。我的建议是一个大胆的步骤：这意味着给公司的个体赋权，而不是行政总裁把所有的权力握在自己手中。在这种新型组织中，没有首席执行官，因为这个角色已经放权给了公司的所有利益相关者。利益相关者包括员工、客户、供应商，以及公司的管理层。经理们不再是首席执行官，而是首席创意官了。他们自身极富创意，因释放出所在群体的创造力而脱颖而出——他们的员工、他们的领先用户、他们的客户，以及

他们通过自己的愿景和产品接触到的任何人。

让我们看看当今脱颖而出的领导人，比如苹果公司的史蒂夫·乔布斯、Craigsitst 网站的克雷格·纽马克、谷歌的创始人，或者奥普拉·温弗瑞。所有这些人领导的非常成功的企业，在 2008 年金融危机后不景气的经济气候中一直具有很强的适应性。他们中没有一个人采用传统的管理方式，他们也从来都不是传统意义上的公司首席执行官。相反，他们是各自企业的首席创意官。他们可能承担首席执行官的职务，以使自己的角色更容易被世界上的其他个体或组织识别，但他们并没有执行别人的战略。通过做他们认为是正确的事情，他们创造了全新的产品，并建立了真正的可持续发展的价值。他们最先按照自己的和他们群体的意愿行事，而不是按照管理大师、商学院教授，以及战略咨询师提供的做法行事。这些领导人不仅是听，而且要自己沉浸在群体中。

虽然传统企业，如摩托罗拉、通用汽车、福特和克莱斯勒，更不用说曾经不可一世的华尔街银行，正在衰落，而这些创新者的业务却在蓬勃发展，像奥普拉或者史蒂夫·乔布斯这样的领导者不会害怕每天站在前沿上。当史蒂夫·乔布斯开创苹果，而不是获得一个工商管理硕士学位时，他就是把自己沉浸在他的群体里。他首先听别人说些什么，加入世界著名的施乐帕克研究中心去学习计算机鼠标，到一个早期的电脑公司工作去学习更多的东西，直到他想通了，准备好开始开发自己的电脑和建立自己的公司。

首席创意官也会回报他们的群。谷歌大力鼓励其员工勇于创新，拿出新的产品，然后以某种形式免费送出，直到该公司想出办法来从中获利。谷歌收购了图片共享网站 Picasa，成立了社交网络社区 Orkut，并启动了谷歌文档。它启用 Web 办公套件，可为最终用户免费服务。当史蒂夫·乔布斯的一群热爱 iPhone 的用户抱怨一次新降价时，他立即给高价购买 iPhone 的所有客户补偿了差价。

总之，首席创意官与 CEO 们不同的是，他们沉浸在自己的群里，他们和他们的群一起分享，向他们的群希望的方向前进。就像很棒的农民，他们作为酷耕耘者的主要任务是提供一个培育环境，让群为它自己做其余的事情。

文献来源

(各条前序号对应于各章正文中的上标序号,如¹、²等。)

CHAPTER 1:

1. Steve Lohr, "One Day You're Indispensable, the Next Day…," *New York Times*, Jan. 18, 2009, http://www.nytimes.com/2009/01/18/weekinreview/18lohr.html? th&emc = th.

2. IDC, "Linux Operating Systems Market Grows in 2008, Long Term Prospects Remain Good, IDC Study Finds," press release, Aug. 26, 2009, http://idc.com/getdoc.jsp? containerId = prUS21982209.

CHAPTER 2:

1. Eric Bonabeau, Marco Dorigo, and Guy Theraulaz, *Swarm Intelligence: From Natural to Artificial Systems: A Volume in Santa Fe Institute Studies in the Sciences of Complexity* (New York: Oxford University Press, 1999).

2. Jared Diamond, *Guns, Germs, and Steel: The Fates of Human Societies* (New York: W. W. Norton, 1999).

3. O. Raz and P. Gloor, "Size Really Matters—New Insights for Start – Up's Survival," *Management Science*, 53, no 2 (Feb. 2007), 169 – 177

4. Tom Allen and Ornit Raz, "The dynamics of communication patterns within a biotech cluster: A simple method for studying a complex relation – ship," *International Journal of Technology and Innovation Management Education*, 2 (2007), http://www.senatehall.com/technology – and – innovation – manage – ment? article = 256

5. Peter Gloor and Scott Cooper, "The New Principles of a Swarm Business," *Sloan Management Review* 48, no. 3 (Spring 2007), 81 – 84.

6. "Craig (of the List) Looks Beyond the Web," *New York Times*, May 12, 2008, http://www.nytimes.com/2008/05/12/technology/12craig.html?pagewanted = 2&th&adxnnl = 1&emc = th&adxnnlx = 1210599228QH4YFXik6rWCCP/yI-eRzmA.

7. "Turbo – Bienen Lenken den Schwarm" (Turbo Bees Guide the Swarm) *Spiegel*, Oct. 4, 2008, http://www.spiegel.de/wissenschaft/natur/0, 1518, 582107, 00.html.

8. Map of World Happiness—A Global Projection of Subjective Well – Being, http://www.technovelgy.com/ct/Science – Fiction – News.asp?NewsNum = 893.

CHAPTER 3:

1. "Linus Torvalds: A Very Brief and Completely Unauthorized Biography," www.linfo.org/linus.html (accessed Nov. 15, 2008).

2. Gary Rivlin, "Leader of the Free World: How Linus Torvalds became benevolent dictator of Planet Linux, the biggest collaborative project in history," *Wired*, http://www.wired.com/wired/archive/11.11/linus_pr.html.

3. Rivlin, "Leader of the Free World."

4. "Linus Torvalds' Benevolent Dictatorship," *BusinessWeek*, Aug. 18, 2004, http://www.businessweek.com/technology/content/aug2004/tc20040818_1593_PG2.htm.

5. Nelson D. Schwartz, "C.E.O. Evolution Phase 3," *New York Times*, Nov. 10, 2007, http://www.nytimes.com/2007/11/10/business/10leaders.html?_r = 1&em&ex = 1194843600&en = 5991d1898d96b957&ei = 5087%0A&oref = slogin.

6. "Linus Torvalds," Knoppix Documentation Wiki, http://

www. knoppix. net/wiki/Linus_ Torvalds（accessed Aug. 20, 2008）.

7. Stephen Shankland, "Torvalds: A Solaris skeptic," Cnet news, Dec. 21, 2004, http: //news. cnet. com/Torvalds – a – Solaris – skeptic/2008 – 1082_ 3 – 5498799. html.

8. Thomas A. Bass, "Being Nicholas: The Wired Interview," http: //archives. obs – us. com/obs/english/books/nn/bd1101bn. htm.

9. Bass, "Being Nicholas."

10. "Person of the Week: Nicholas Negroponte," ABC News, Nov. 18, 2005, http: //abcnews. go. com/WNT/PersonOfWeek/story? id = 1327028.

11. "Person of the Week: Nicholas Negroponte," ABC News.

12. Daniel Hernandez, "To See and Be Scene,"*Los Angeles Times*, Oct. 25, 2005, http: //articles. latimes. com/2005/oct/25/local/me – cobrasnake25.

13. Hernandez, "To See and Be Scene,"*Los Angeles Times*.

14. Shawn Hubler, "The Secret Life of Cory Kennedy,"*Los Angeles Times*, Feb. 25, 2007, http: //articles. latimes. com/2007/feb/25/magazine/tm – corykennedy08.

15. Linus Torvalds' Benevolent Dictatorship,*BusinessWeek*.

CHAPTER 4:

1. Kenneth Rexroth, "The Cubist Poetry of Pierre Reverdy," http: //www. bopsecrets. org/rexroth/essays/reverdy. htm. essay（accessed Nov. 6, 2009）; originally published as the Introduction to Rexroth's translation of *Pierre Reverdy's Selected Poems*（New York: New Directions, 1969）.

2. Jason P. Davis and Kathleen M. Eisenhardt, "Rotating Leadership and Symbiotic Organization: Relationships Processes in the Context of Collaborative Innovation," Working paper, MIT Sloan School of Management.

3. Davis and Eisenhardt, "Rotating Leadership."

4. Ibid.

5. Emanuel Lazega, et al. , "Catching up with big fish in the big pond? Multi-level network analysis through linked design," *Social Networks* 30 no. 2 (2008), 159–176.

CHAPTER 5:

1. Masamichi Takahashi, et al. , "The Shift from Centralized to Peer-to-Peer Communication in an Online Community: Participants as a Useful Aspect of Genre Analysis" (MIT Center for Collective Intelligence [CCI] working paper 2008-001, MIT Sloan School of Management working paper 4677–08).

2. "The Online Fan World of the Twilight Vampire Books," *BusinessWeek* , July 31, 2008, http://www.businessweek.com/magazine/content/08_32/b4095044373786.htm? chan = search.

3. "Online Fan World of the Twilight Vampire Books," *BusinessWeek* .

CHAPTER 6:

1. Brendan I. Koerner, "Geeks in Toyland," Wired 14.02 (Feb. 2006), http://www.wired.com/wired/archive/14.02/lego.html? pg = 1&topic = lego&topic_ set =.

2. Presentation by Lewis Pinault, LEGO, at Rezonance conference, Geneva, June 18, 2008

3. P. Gloor, *Swarm Creativity : Competitive Advantage Through Collaborative Innovation Networks* (New York: Oxford University Press, 2006).

CHAPTER 7:

1. M. DiMaggio, P. Gloor, and G. Passiante, "Collaborative Innovation Networks, Virtual Communities, and Geographical Clustering," in "Intelligent Clusters, Communities and Cities: Enhancing innovation with virtual environments and embedded systems, " special issue, *International Journal of Innovation and Regional*

Development, 1 no. 4 (2009), 387 - 404; O. Raz and P. Gloor, "Size Really Matters—New Insights for Start - Up's Survival," Management Science, 53 no. 2 (Feb. 2007), 169 - 177; and P. Gloor, et al., "Finding Collaborative Innovation Networks Through Correlating Performance with Social Network Structure," *Journal of Production Research*, 46 no. 5 (Apr. 2007), 1357 - 1371.

2. Peter Gloor, et al., "Web Science 2.0: Identifying Trends Through Semantic Social Network Analysis," Proceedings IEEE Conference on Social Computing (SocialCom - 09), Aug 29 - 31, 2009, Vancouver.

3. Condor was originally developed at MIT and Dartmouth College and is still free for academic use (www.ickn.org). It is marketed commercially by soft - ware start - up galaxyadvisors (www.galaxyadvisors.com).

4. J. Krauss, et al., "Predicting Movie Success and Academy Awards Through Sentiment and Social Network Analysis," in Proceedings of the 16th European Conference on Information Systems, June 9 - 11, 2008, Galway, Ireland.

5. "Top 100 Public Intellectuals," *Foreign Policy*, May 2008, http://www.foreignpolicy.com/story/cms.php?story_id=4314.

6. P. Gloor, et al., "Studying Microscopic Peer - to - Peer Communication Patterns," in Proceedings of the AMCIS (Americas Conference on Information Systems), Aug. 9 - 12, 2007, Keystone, CO.

7. Alex (Sandy) Pentland, *Honest Signals: How They Shape Our World* (Cambridge, MA: MIT Press, 2008).

CHAPTER 8:

1. "FM Interview with Linus Torvalds: What motivates free software developers," *First Monday*, 3 no. 3 (March 2, 1998), http://firstmonday.org/htbin/cgiwrap/bin/ojs/index.php/fm/article/view/583/504.

2. Francis Fukuyama, *Trust: The Social Virtues and the Creation of Prosperity* (New York: Free Press Simon & Schuster, 1995).

3. The Ken Lay e-mails are analyzed in-depth in the author's previous book, Peter Gloor and Scott Cooper, *Coolhunting: Chasing Down the Next Big Thing* (New York: AMACOM, 2007).

4. Remi Trudel and June Cotte, "Does Being Ethical Pay?" *Sloan Management Review*, May 2008, http://sloanreview.mit.edu//wsj/insight/brand/2008/05/12/.

5. Bruno S. Frey and Simon Luechinger, "Concepts of Happiness and Their Measurement," Metropolis-Verlag, Marburg, July 2007.

6. World Database of Happiness, http://www1.eur.nl/fsw/happiness/index.html.

7. Martin Nowak, "Five Rules for the Evolution of Cooperation," *Science*, 314 no. 5805 (December 8, 2006).

8. Tom Krazit, "Bono, Oprah, and a Red iPod?" Cnet news, Oct. 12, 2006, http://news.cnet.com/8301-10784_3-6125446-7.html.

9. Iris Bohnet, Bruno Frey, and Steffen Huck. "More order with less law: On contract enforcement, trust, and crowding," *American Political Science Review*, 95 no. 1 (March 2001), 131–44.